素描张大千

長江萬里愛痕亭
蜀山秦樹春馬蹄
羅浮飛雲頂曉日
大風堂中門人多

辛卯夏日
李嵐清

"百年巨匠"素描／李岚清 绘

百年巨匠

Century Masters

张大千

高海军 ◎ 著

文物出版社

图书在版编目（ＣＩＰ）数据

张大千 / 高海军著． —— 北京 ：文物出版社，2017.9
（2018.7 重印）
（百年巨匠）
ISBN 978-7-5010-5205-9

Ⅰ．①张… Ⅱ．①高… Ⅲ．①张大千（1899-1983）
－传记 Ⅳ．①K825.72

中国版本图书馆CIP数据核字(2017)第202518号

## 百年巨匠·张大千

| | |
|---|---|
| 著　　者 | 高海军 |
| 总 策 划 | 刘铁巍　杨京岛 |
| 责任编辑 | 刘铁巍　张朔婷 |
| 封面设计 | 子　旃 |
| 责任印制 | 张道奇 |
| 责任校对 | 陈　婧 |
| 出版发行 | 文物出版社 |
| 社　　址 | 北京市东直门内北小街2号楼 |
| 网　　址 | http://www.wenwu.com |
| 邮　　箱 | web@wenwu.com |
| 制版印刷 | 北京图文天地制版印刷有限公司 |
| 经　　销 | 新华书店 |
| 开　　本 | 710×1000　1/16 |
| 印　　张 | 14.25 |
| 版　　次 | 2017年9月第1版 |
| 印　　次 | 2018年7月第2次印刷 |
| 书　　号 | ISBN 978-7-5010-5205-9 |
| 定　　价 | 49.80元 |

# 宣传巨匠推广大师 为时代树立标杆

蔡武

文化部原部长 《百年巨匠》总顾问

文化精品创作工程包括重大出版工程、影视精品工程。《百年巨匠》就是跨界融合的一个重大文化工程，它深具创意，立意高远，选题准确、全面，极富特色，内容精彩纷呈，内涵博大精深，基本涵盖了我国20世纪这一特定历史时期在文学艺术方面的成就及其代表人物。它讲述的不仅仅是各位巨匠的传奇人生，更是他们的文学艺术成就同民族、国家，同历史、文化，同当代世界，同20世纪风云激荡的年代，以及同人民的命运都是紧密相连的。他们的成就对整个社会产生了重要而深远的影响。因此，立足21世纪的当今，系统全面科学解读巨匠人生与大师艺术，有着特殊而积极的意义，是社会和时代的要求。

作为一个有影响力的文化品牌，《百年巨匠》的表现形式也是多样的。《百年巨匠》丛书和纪录片互动互补，是出版界与影视界的跨界合作与融合发展，形成了叠加影响和联动效应，进一步丰富和扩大了品牌的内涵和外延。在信息社会"四屏"时代，用这样的一种方式来表达重大深刻的主题，具有重大的创新意义，是对中华优秀文化传承发展进行创造性转化、创新性发展的成功探索。体现出强烈的历史感、时代性、民族性，具有鲜明的中国特色，必将产生深远的影响。

一个民族自立于世界民族之林，离不开民族的自信心与自尊心。而民族的自信心和自尊心有其思想基础和人文轨迹，即对民族文化的重要代表人物和优秀传统应当有比较全面的了解并进行广泛传播。一个国家的历史需要记录，文化艺术同样如此。《百年巨匠》丛书秉承文献性、真实性、生动性原则，客观还原大师原貌，以更为宏阔的历史维度对大师们所经历的时代给予不同视角的再现和解读，为读者开启一扇连接20世纪中国近现代文化艺术史的大门。

　　巨匠们的艺术成就、人生经历、精神高度，彰显了中华民族文化在这个时代所能达到的高度，不仅有文学艺术上和文化史上的价值，而且有人文思想美学上的划时代性贡献。《百年巨匠》可以增强我们的文化自信和实现中华民族伟大复兴的意志。

　　《百年巨匠》还有一个重要意义，它能够激励我们后来人砥砺奋进，勇攀高峰。这些文化艺术巨匠有着深厚的爱国情怀和强烈的民族责任感，他们将个人荣辱兴衰与国家、民族命运联系起来，用文化艺术去改变现实，实现理想。在新旧道德剧烈冲撞中，他们所表现出来的高风亮节是后来人的楷模。他们所传导出的强大正能量，会激励一代又一代广大读者，对促进我们整个民族新一代的教育与成长，有着非常重要的启迪意义。他们的精神是引领和鼓舞我们再出发的航标与风帆。

　　《百年巨匠》也给了我们很多的启示，可以帮助我们回答和破解"钱学森之问"。20世纪产生了那么多的大师，新世纪、新时期我们应该如何助推产生出新的大师？这些巨匠的成长轨迹给我们揭示了大师们成长的规律，如要深具家国情怀，要胸怀高远理想；要深深扎根于人民，与人民同呼吸共命运；既继承民族优秀传统文化，又要勇于创新；并以非常包容的心态去拥抱一切文明成果等。

《百年巨匠》仅反映了20世纪百年的文化形态和人文生态，我们应该把这个事业延续下去，面向21世纪。对艺术大师的发掘是通过他们的作品来体现的，而他们的作品既是中华文化的传承，又进一步丰富、创新了中华文化的构成。从这个意义上讲，宣传这些艺术巨匠就是弘扬中华文化。这些艺术巨匠作为中国名片，拥有较强的国际影响力，这一工程的推进，可以有效推动中华文化和中国出版走出去。不仅仅局限于艺术领域，还可以从广度上、外延上扩大至整个文化领域，甚至把科技、教育等领域的巨匠们也挖掘展示出来。

一个国家文化事业的繁荣与发展，既需要广大艺术家的努力，也需要大师巨匠的引领。宣传巨匠，推广大师，为时代树立标杆，无疑是我们责无旁贷的历史责任。巨匠之所以是巨匠，大师之所以能成为大师，是因为他们以具有强烈时代感和创新精神的作品站在了巅峰。而他们巨作的背后，是令人钦佩的工匠精神，这种工匠精神的发掘和弘扬在当下具有重要的现实意义。同时，这百年的文学艺术史已有的众多成果，从学术上也要系统总结。而长期以来一直困扰我们的一大难题，就是如何把这些重要的学术研究成果进行转化和再创造，使之成为可被大众接受、雅俗共赏的精品佳作。从这个意义上讲，《百年巨匠》丛书的出版也是非常值得赞许的。

当前，我们的文化艺术事业虽然取得了长足的进步，但是相对于时代的重任，人民的厚望，尚有作品趋势跟风、原创性匮乏、模仿严重等问题，希冀大家在《百年巨匠》作品中得到更多的启迪和感悟。

我们国家正处在重要的历史时期，为我们文艺创作提供了丰沃的土壤和广阔的空间。中华民族的伟大复兴，呼唤一切有为的文艺工作者，为繁荣中国特色社会主义文化、建设社会主义文化强国，奉献毕生的才华和创作热情，将高度的社会责任感和历史使命感化作文艺创作的巨大动力，创作出无愧于时代、无愧于祖国和人民的优秀文艺作品，让我们这个时代的文艺创作异彩纷呈，光耀世界。

# 目　录

**第一章　志存高远**　　　　　　　　　/ 1

早年家世　　　　　　　　　　　　　　/ 2

土匪师爷　　　　　　　　　　　　　　/ 6

东渡扶桑　　　　　　　　　　　　　　/ 9

上海学艺　　　　　　　　　　　　　　/ 14

遁入空门　　　　　　　　　　　　　　/ 21

赋闲在家　　　　　　　　　　　　　　/ 28

崭露头角　　　　　　　　　　　　　　/ 33

红颜知己　　　　　　　　　　　　　　/ 36

外师造化　　　　　　　　　　　　　　/ 41

艺事情事　　　　　　　　　　　　　　/ 46

再上黄山　　　　　　　　　　　　　　/ 53

悲鸿与大千　　　　　　　　　　　　　/ 57

寄居网师园　　　　　　　　　　　　　/ 66

仿画高手　　　　　　　　　　　　　　/ 70

长居北平　　　　　　　　　　　　　　/ 78

南张北溥　　　　　　　　　　　　　　/ 87

南北往来　　　　　　　　　　　　　　/ 95

受困北平　　　　　　　　　　　　　　/ 99

青城秀色　　　　　　　　　　　　　　/ 103

第二章　**夙夜匪懈** / 107

西去敦煌 / 108

艰苦作业 / 117

敦煌收获 / 124

养精蓄锐 / 129

传世名画 / 135

重返上海 / 142

荷花表情 / 151

第三章　**漂泊羁旅** / 155

离开大陆 / 156

寓居印度 / 159

迁居阿根廷 / 166

巴西建园 / 172

他乡遇故知 / 177

东张西毕 / 181

泼墨泼彩 / 189

移居美国 / 201

叶落归根 / 207

参考书目 / 217

# 第一章 志存高远

作为一代绘画大师的张大千，其过人的才情除了后天的努力和修为外，遗传和天赋也不容忽视。在张大千的画里，早期人物、山水、花鸟、鱼虫，贯穿如一的是一股清新秀逸之气。后天的阅历及见识亦增加了张大千更为丰富、开阔的绘画语言。

# 早年家世

百年巨匠
张大千
Century
Masters
Zhang
Daqian

张大千给父亲所作的画像

张大千母亲曾友贞

张大千三哥

　　1899 年，张大千出生于四川内江一户人家，少时家境贫寒。其父张怀中原是当地一个小盐官，不幸因吸食鸦片，离职回家，殷实的家境陷入贫困。张家祖籍广东番禺，后迁居湖北黄州府麻城县，第四代张德富候补简放四川内江做知县，于是举家迁往内江。

　　关于这次迁徙，张大千四哥张文修的儿子张心廉说："那是清政府强行组织的迁徙，结果到了内江就定居下来，到我们这一代已是第十一代了。"张大千出生后，一直是由三嫂带大的。"三伯母带他时间比较多，因为当时三伯母还是童养媳，没有跟我三伯父圆房，当时应该说还是一个小姑娘。后来张大千把我们三伯母当母亲一样看待，非常敬重三伯父、三伯母。"

　　此时的张父以帮人打短工、弹棉花、收破烂来养家糊口，张母曾友贞为内江有名的绣花女。曾友贞持家有方，教儿严厉，帮人缝补浆洗、刺绣描画以助家计。张心廉说："我祖母吃什么？吃的萝卜缨。

因为内江以前盛产糖，所以有'甜城'之称。煮这种蜜饯，需放在用萝卜切成一个小圆砣里。而煮蜜饯的作坊不要萝卜皮和萝卜缨，一个小钱可以买一背篼。"

曾友贞善刺绣和剪纸，工笔花鸟也很有功夫，在当地颇有些名气，被人称作"张绣花"。四川著名学者傅增湘曾说："张夫人清才雅意，有赵达妹氏的机、针、丝三绝之称。"此言一点不为过，从曾友贞1918年所绘的《耄耋图》中不难看出，其灵巧的手艺已超越了当时一般民间画师的水平。应该说，张大千最早的美术熏陶来自母亲。

儿时，张大千随母亲学画，后随二哥张善孖、大姐张琼枝学习，同时向四哥张文修习字。张大千《我的家世》一文中说："我记不得什么时候开始学画，人家说我九岁业绘事，由于先母能画，兄弟们都会画，尤以家姊琼枝得益教慈甚多，她画得最好的是花卉，我小时候多由大姊教导。"曾友贞为张家一共生了十个孩子，九儿一女。张大千排名第八。十个孩子中，大哥早夭，五哥、六哥、七哥因贫穷、饥饿、疾病等原因早早离世。三哥张丽诚经商，四哥张文修后

曾友贞《耄耋图》1918年

张善孖《中国怒吼了》20世纪30年代

来从医。二哥张善孖比张大千大 17 岁。兄弟几个，张大千最为敬重二哥，视若父兄。张善孖 14 岁时就开始忙于外界事物，在家时间不多。

琼枝不仅教习张大千绘画，也是母亲的好帮手，做女红，描刺绣。在大姐琼枝的教习之下，张大千画技进步很快，开始画一些简单的花卉、人物，并打下了良好的绘画"童子功"。琼枝所教的自然是民间绘画了。民间绘画虽然登不上大雅之堂，却有着广泛的社会基础，受到百姓热切喜爱，中国农村的祠堂寺院、书院民居、墙头门窗及中堂、虎头、灶头等皆为民间绘画所装饰。

张家兄妹几个都有绘画天赋，除了三哥张丽诚绘画未见有文字记载外，四哥张文修也会画画，而九弟君绶在上海学画期间，因抗拒父母包办的婚事，弃家出走，投海自尽。曾熙是张大千在上海学画时的老师，曾遗憾地对张大千说："九弟的绘画天赋高过你。"

一个人的成长包含着复杂的社会因素及人际关系。张大千亦不例外，在二哥提携下，张大千走向了成功。二哥张善孖对待八弟可谓操心备至，幼年学画、赴日留学、上海"秋英会"扬名都少不了他的操持。张善孖不仅画虎成名，同时也是一位忧国忧民的爱国志士。抗战期间，曾以"中国怒吼了"为题，画出一只愤怒咆哮的猛虎站立山川之上，其拙朴狂劲的造型、磅礴的气势让人心头一震。画作当时风靡全国，鼓舞了士气。张善孖早年赴日留学，在早稻田大学专攻政法，后加入孙中山、黄兴等人的同盟会。辛亥革命初期，张善孖不满清政府丧权辱国的卖国行为，痛恨各国列强弱肉强食、横行霸道之举，在四川立宪派蒲殿俊、罗伦影响下，投身席卷全国的保路运动。清政府被推翻后，张善孖在日本的校友、蜀军第一师师长熊克武委任他为少将旅长。张善孖并无从军愿望，接到一纸空文委任，亦未招兵买马，只是躲在家里读书画画。那些日子，年幼的张大千极为兴奋，常问二哥一些军队之事。

张大千从华美初等小学毕业后，在四哥张文修安排下，去重庆求精中学上学。求精中学为外国人开办，教学质量很高，对学生要求严格，学校以英语交流为主，入校收费不低。据说刚来求精中学时，同学们有些瞧不上张大千，因为他来自内江县城且身体矮壮土气，加之在学校数学成绩不好。张大千后来说："我各科成绩都不错，就是数学总不及格。"不过，张大千还是在求精中学出了名，原因是他的美女画画得非常好，这让同学们羡慕惊讶。张大千在求精中学的学业最终没有完成，因为其间发生了一件出乎意料的事，使得张大千告别了求精中学。这件事情就是人所共知的土匪师爷事件。

# 土匪师爷

百年巨匠
Century
Masters
张大千
Zhang
Daqian

　　1916 年 5 月，求精中学放暑假，张大千和几个同学商量决定走旱路回家。"因为没有钱，于是他们就步行回去。"2011 年 11 月，中央电视台《百年巨匠》剧组来到美国加州张大千的旧居"环筚庵"采访时，张保罗热情地讲述了父亲早年的经历。他说："旱路常有土匪出没，很不安全，张大千和同学们商议再三，决定不改初衷，大家认为自己不过是穷学生，遇见土匪也不会将他们怎么样。"

　　出了重庆，就是走内江的官道，大家一路晓行夜宿，到了一个叫作丁家坳的地方。他们遇见了曾经担任过求精中学体育老师的刘伯承，刘伯承正在此地招安土匪，见同学们过来，劝他们不要再走，说下面的路很乱不安全。50 年后，张大千还清晰地记得刘伯承说过的话："那下头，江水浑得很，哥子们哈不开。"意思是再走下去会更乱，他也控制不了啦。刘伯承与张大千的四哥张文修曾一同在求精中学共事。据张心廉讲，在国民党白色恐怖时期，张文修曾暗中保护过刘伯承。刘伯承的叮嘱让同学们举棋不定，但是由于思家心切，大家决定继续冒险前行。

　　这一天，他们来到永川、荣昌、大足三县交界的邮亭铺，天色渐暗，各家旅馆都不愿意接受这些远道而来的学生。无奈投奔镇上一座教堂，牧师也不敢收留，他们只得睡在教堂外墙下的青石板上。一路旅途劳顿，同学们倒头便睡。入夜时分，熟睡中的张大千被噼里啪啦的犹如鞭炮的声音震醒。土匪果然来了！同学们四散奔逃。奔逃中

张大千 谢玉岑合作
《孤帆远影临秦权》1933 年

张大千被土匪逮个正着。土匪们押着张大千来到一个叫作千金磅的地方，开始盘查底细，得知是一个学生，便叫他给家里写信。张保罗说："抓了要钱，但家里那个时候还没有钱呢，所以就把他给圈起来。后来土匪又见他字写得好，就说你别走了，你给我们做师爷。"

　　林冲投奔水泊梁山，白衣秀士王伦让他下山杀一个人，即所谓的投名状。张大千也逃不过这"投名状"之规。一段时间，土匪又要下山抢劫，让张大千同去。张大千虽身居匪窝，日子倒还平静。这次被抢劫的是一户读书人家，土匪们翻箱倒柜，搜罗钱财，在土匪逼迫下，张大千拿了一本名为《诗学涵英》的书。返回山上，张大千每天抱书翻看，山上还羁押着一位前清进士，正在等候家人筹款救赎。张大千向进士请教平仄押韵之疑难，进士满腹经纶，讲得头头是道。事情过去多年，张大千依然津津乐道，他说："我的诗词底子就是那时打下的。"当然，张大千的诗词也受二哥、四哥教导，而且后来曾熙、李瑞清、诗人谢玉岑等对他的写诗作词都有过指导帮助。张大千在上海学习时，所作绘画中题诗写词，谢玉岑参与不少。一生中，张大千作诗写词虽然不多，却也是文笔峭拔，颇有格调，只是被其画名所掩，不为人注意。

不觉在山上度过多日，在家人斡旋之下，张大千被四哥张文修接回家中。张心廉回忆说："后来是我父亲托地方上所谓的'舵把子'舵爷，去跟土匪拿言语，我父亲再到山上去，把张大千接回来的。从疏通各种关系到把他接回来，刚好一百天。"

以上便是著名的"百日师爷"经历。有人说张大千一生远离政治，避世逍遥，与其早年做土匪的际遇有关，因为他看到了世界的另一面。四川省博物馆副馆长魏学峰先生对剧组编导说："当了一百天土匪，这是一般人难以经历的事情，跟土匪在一起，他养成了很江湖的性格。他说只有自己一生最懂得江湖有多大。"

# 东渡扶桑

　　1916 年入冬时节，张家开始为张大千的前途操心。正好张善孖从日本归国。袁世凯死了，黎元洪就任大总统，张善孖的政治警报解除了，全家人其乐融融。经过商议，他们决定让张大千随二哥张善孖去日本留学。当年冬季，张大千与二哥一起从重庆坐轮船抵达上海，再乘轮船漂洋过海。1917 年春，兄弟二人抵达日本。在二哥安排下，张大千考入京都艺专染织系就读。学染织是家人的意愿，希望他将来做实业致富，可张大千不喜欢染织，他后来说过："学染织于日本西京，绘事遂辍。"专业虽不对口，并未影响张大千学习绘画的热情，利用课余时间，他临摹了大量日本所藏的中国古代绘画，二哥张善孖时时辅导，耳提面授。大风堂弟子张正庸说："他是张大千的老师呀，在日本时，他先画虎，再要求他弟弟补上水、景，这些画山水的基本方法，实际上是张善孖手把手教的。"功夫不负有心人，1918 年，张大千所绘的水墨纸本在日本一家博物馆展出时，竟被误认为是中国的古代名家笔墨。此时的张大千还不到 20 岁。京都艺专染织系开有素描、写生等基础课目，张大千对西画也有了真切的认识和了解。他常去郊外写生画画，写生方式与众不同，别人拿铅笔，他用毛笔，不知是二哥张善孖提醒，还是自觉自为，张大千用毛笔写生的习惯一直保持到晚年。

　　"山不辞土，故能成其高；海不辞水，故能成其深。"染织专业对色彩的要求很高，丰富的色彩知识对张大千日后的绘画颇有帮助。张

《峻山高仕》1918 年

大千晚年创作的泼墨泼彩，画中明灭显晦、光色奔涌的色彩变化，可以说与其早年对色彩的学习有着不可分割的关联。傅申先生说："他家里把他送到日本去念书，念什么？染织，就是纺织品的染色，所以他对色彩的研究特别深刻，一生都有关系。"此次，央视"百年巨匠"剧组赴台湾采访张大千研究专家傅申先生时，他也谈及了这一观点。

京都具有千年历史，自19 世纪中叶一直是日本首都，城市建筑被认为是仿效了中国隋唐的洛阳城而建，可谓风格古雅，环境优美。每逢假日，张大千便去四处游走，领略日本民间艺术，逛书店，转商场。此时的日本印刷术已进入较发达时期，各家书店都有精美画册。张大千喜欢日本"浮世绘"绘画，尤其喜欢 17

至 19 世纪德川、江户时代的风俗画，他买了许多"浮世绘"画页和书籍，带回住处观摩学习。多年后，他家里还挂有"浮世绘"美人图。江户时代，正是日本封建社会晚期，"町人文化"（市民文化）迅速发展崛起，"浮世绘"深受市民大众喜欢，风气之炽热，可谓供不应求。作为东方绘画艺术的一朵奇葩，"浮世绘"曾影响过欧洲绘画，印象派画家凡·高、马奈、劳特雷克也都曾对"浮世绘"情有独钟，马奈举世闻名的《吹笛少年》就是借鉴了"浮世绘"的绘画元素。鲁迅先生也喜欢"浮世绘"绘画，尤其喜欢版画作品。他在日本留学时，常常购买几幅。"浮世绘"版画价格不低，鲁迅当时也是两袖清风、囊中羞涩，舍得花钱购买，定是爱不释手。

20 世纪 40 年代至 50 年代，张大千所作《孽海花》《午息图》等画，画中人物神色缱绻懒散、婀娜多姿，设色丰腴的画面表现被人认为是借鉴了"浮世绘"风格。对此笔者不敢妄下判断。不过，一个画家在表现画作时，常常是出自于本心的自觉和不断的学习吸收。在日本学习时，正是张大千无拘无束的青春年代，所闻所感所观多趋于一种直觉，直觉的发现最能触及人的心灵，故其在日后创作绘画时，加入一点"浮世绘"的元素也是自然正常。魏学峰说："从张大千收集、遗留下来的书籍看，张大千这个人的艺术面是非常广的。他早期在日本，接触了很多关于日本浮世绘的资料，浮世绘经典都是他从日本带回来的，他对这门艺术也有很深的研究。对唐卡他也有接触，但是，真正感觉到唐卡在他绘画中的作用是他到了敦煌以后。"达·芬奇说："事业诞生于简单而纯正的经验之中。经验是真正的老师。""浮世绘"艺术是张大千初入绘画门槛时接触到的一种绘画形式，而这之间以及后来不断对"浮世绘"的观赏研读，其间的风格语言表现，也会注入心里，变成记忆的经验。20 世纪初的中国，西风东渐正劲，国内

《午息图》20 世纪 40~50 年代

《孽海花》20 世纪 40~50 年代

诸多著名思想家、文学家、艺术家多有借鉴学习西方乃至日本文化思想的过程，况且这种借鉴之风自古皆然，就像日本亦曾受中国唐代文化影响。至今，还有人说日本的和服更接近唐装，而我们所穿的唐装不过是清代的"马褂"。文化交融是在社会发展之下，民众自发自觉于内心的喜欢和交融，其结果就像西方现代主义画家，吸收东方乃至非洲原始艺术的精华，却没有被东方艺术淹没一样。

在日本，张大千结识了两位同学，一位是朝鲜学生朴锡印，一位是日本同学山田片夫。朴锡印英语出色，山田片夫日语自不必说，二人成了张大千的翻译。一次，山田片夫傲慢地说："你们亡国奴的下场就是学好语言后好伺候人。"张大千极为愤慨。甲午海战后，损失惨重的中国为了学习日本明治维新变法及迅速崛起的经验，于1896年开始派遣学子赴日留学，作为胜利国的日本，骨子里还是藏着骄傲和自负。张大千发誓不再学日语，他花钱雇了一位在天津长大的日裔姑娘做随身翻译，每天陪他读书上课。据说当时留学生中对此形成两种不同看法，有人认为多此一举，没有必要，有人却说很好，长了中国人的志气。这些议论，张大千并不在乎。那时雇请翻译花费极大，超出留学经费一倍之多，从中可以看出张大千强烈的个性。谈到八叔的脾气，张心廉说："耿直。性情很烈，说到做到。"

# 上海学艺

百年巨匠
Century
Masters
张大千
Zhang
Daqian

1919 年，张大千从日本归国，在上海基督公学教习绘画。在二哥指引下，张大千投师上海名士曾熙、李瑞清学习书法。此时的张大千已经有了在东洋学堂留学的身份，找一份在政府任职或大学教书的工作并不吃力，就在他回国不久，一位旅长得知张大千曾做过土匪师爷，便上门邀请其做他的文书，被张大千婉言回绝。张善孖亦曾婉拒熊克武的任命，看来张家人对于军队任职并不青睐。

曾熙、李瑞清是当时书界名流，一代碑学派大师。曾熙是湖南衡阳人，晚年自号农髯，清光绪二十九年进士，曾任官兵部主事兼提学使及弼德院顾问，先后主讲过衡阳石鼓书院、汉寿龙池书院。其书法自称南宗，与李瑞清的北宗颉颃，被世人称作"北李南曾"。曾熙于1915 年始于上海鬻字，其书得力于《夏承碑》《华山碑》《张黑女》等，以汉隶圆笔为本，下穷魏晋，沟通南帖北碑，融合方圆，成就了一代宽博纵逸的风貌。李瑞清是江西人，光绪二十一年进士。出身于官宦世家的李瑞清曾任长沙司马摄武陵县令，光绪三十一年后，出任两江师范学堂监督（校长）。辛亥革命爆发后，他辞去任职，离校时卖掉车马，将钱散发给贫穷学生。李瑞清提倡改革学制、团结同仁、广延名师、建设校舍，曾聘请日本教习，传授西方科学和近代工艺。李瑞清通诗、书、画，对殷墟、周、秦、两汉至六朝文字皆有研究，最擅长书法，钟鼎文、汉魏碑帖写得磅礴有力，行草得黄庭坚精髓，楷书出自晋唐，偶尔也画山水、花卉和佛像。两位老师为张大千日后的绘画发展、登堂入室打下了坚实的基础。

张大千为何选择学习书法，张善孖做过一个解释，他说："上海当时有很多绘画名家，为何没有拜他们为师，主要考虑中国绘画要借助书法营养。"在日本期间，张善孖发现比自己小17岁的弟弟在绘画上很有天赋，且灵性十足，于是竭心培养，学习书法也是借中国书法的"书写性"助力张大千日后绘画的发展。当然，也有人认为，那时的张善孖和张大千在上海没有根基，无法跻身上海上流绘画圈子，拜不到名家高师，故而改投学习书法。

李瑞清《苍虬》镜片水墨纸本 1918 年

张大千曾与人言："别人都以为我是在曾、李二师门下学习绘画，其实我学的是书法。"但是，张大千的绘画也应该获得极为有益的收获。20世纪初，因"四王画派"的陈陈相因，上海山水画坛兴起了一股师法格调清新，重师造化的石涛、八大山人、石溪等野逸派画风的热潮，这股潮流的倡导者正是曾熙、李瑞清。李瑞清不仅书法精湛，且善丹青，山水、人物、花卉无所不涉，所绘松石、花卉意境独特，而且画得一手好佛画。曾熙虽主理书法，却因中国书法和绘画渊源深广，笔墨意趣相互联系，故而对于绘画并不陌生。据曾熙后人介绍："曾熙也画，各种题材都画。而张大千早年遗下的画中，都有'临农

百年巨匠
张大千
Century
Masters
Zhang
Dajian

髯师笔'这样的字样。"据说，曾熙喜欢石涛，李瑞清喜欢八大，两位好友聊得高兴，也会拿笔在宣纸上比画，曾熙画石涛，李瑞清画八大。二师虽不专事绘画，但修养境界深厚高广。我们知道，各门类艺术汇集到一个大层面上时，精神意趣是相通的。在曾、李二师的教诲下，张大千不仅书法长足进步，绘画也是心得妙悟。"取法乎上，仅得其中；取法乎中，仅得其下。"曾、李二师家中，常有高人围集，谈艺论道，品画说字。被世人称为"海上四妖"的吴昌硕、李瑞清、黄宾虹、曾熙和他们也常有来往，张大千聪明好学，画界高人的言谈话语也多是说者无意听者有心，获得"明心见性"的启悟。曾、李二师喜欢收藏，家中不缺石涛、八大山人、石溪、渐江等明清诸家墨宝，张大千时常观摩，所观所临，受益匪浅。台湾历史博物馆研究员巴东先生告诉记者："他一上手就是那种最高的一流的画师，所以他的学习资源更丰富，是无与伦比的。"

关于曾、李二老师，张大千在《我的老师曾农髯、李瑞清》一文中有过描述："曾老师出身贫寒，降生时大雪风飞，屋内积雪，母产后抓生雪吃，为报答母恩，曾熙刻苦学习，乡试之际，因学友关系，曾老师进榜房看开启密封评定名次，从第八名起向上报名。八、七、六、五等报名时，老师毫不在意，同学为之焦急，也以谑笑之语气说他名落孙山了，曾老师却自信地说我一定榜上有名，念到第三名之时，原本一直闭目的曾老师睁开眼说：'第二名亚元一定是我！'果然不出所料。曾老师还说：'我的文章生龙活虎，只能做第二名，第一名解元他们要选炉火纯青的。'"文中张大千还说到曾熙另一件事："我买了江西籍一位老画家的一批藏画，议定一千二百银圆，我只付了四百定洋，四川老家的钱还未汇到，老先生急着要回江西，我手头银子不够，这事不知怎么被曾老师知道。那天中午，老师来到我家：'听说你的厨子川汤做得好，我来尝尝。'饭中老师随意地说，听说你买了一些字画，差了八百元钱，我刚好收到晚辈送你师母的一份寿礼，一千块钱，留两百给你师母，这八百你先垫付人家。"张大千这才明白老师为何到家里来吃饭，不禁心下感动。

张大千对李瑞清是这样描述的："…… 李老师虽在前清做过大官，除了官服是丝绸外，自己的衣物都是粗布衣履，除了吃得多，一切自奉甚俭。我爱旅行，游山玩水，实际上受李老师启迪，他说：'黄山看云，泰山观日，实属生平之快事。'李老师很固执，革命军推翻清政府后，他一直以前清遗民自居，头上的辫子不肯剪，只好盘在头上作道装了，他写的字也爱签'清道人'的别号。李老师由于本身在前清为官时清廉刚正，在学术界的地位很崇高，故民国年间也在教育界任职。李师病故身后萧条，曾师出面料理后事，学生们自应效力。曾师曾以'清道人'所藏多件墨宝交我，嘱折价千元银洋以理后事，当时我年轻又不能当家，我家兄自不同意我领受墨宝折价，命我净送三百银元作为奠仪。"

时光流逝，岁月不在。曾、李二师是如何教习张大千的，我们无法体验，好在张大千只言片语中透露一点信息。他说："那时候，我们对老师恭敬极了，从来不敢问什么问题，拜老师后，经常去侍候老师，静听老师与朋友们谈书论画，就等于在受课，从来不敢接嘴插腔，只是每月把写的字送到老师家里。"关于二师的思想法理，笔墨堂奥，张大千记载不多，或是我孤陋寡闻没有看到，但是二师的诗学辞赋、书法造诣亦是见解独到，思想深邃。沈曾植曾评曾熙曰："俟园于书，沟通南北，融会方圆，皆能冥悟其所以分合之故 …… 若人以洞达二字评中朗书，若俟园之神明变化，斯可语于洞达矣。"洞达天地识世清，老师对于学生的优缺点自是不言自明，亦会加以引导。曾熙曾出版多部著述，《左

百年巨匠
Century
Masters
张大千
Zhang
Daqian

书法作品 20 世纪 20 年代

吴昌硕《梅竹双清图》1910 年

氏问难》《春秋大事表》《历代帝王年表》《和陶诗》、书画录等多卷。
而李瑞清的诗词也是古直苍凉,大有曹孟德遗风,尤以绝句为胜,写得
凄艳动人。《清史稿》称:"瑞清诗宗汉、魏,下涉陶、谢。"在清光绪、
宣统年间的古典诗坛上,李瑞清也是一位非常活跃的诗人。李瑞清还
是一位精文字学、金石考据、书画鉴别的高人,他提出的"求分于
石,求篆于金"的辨析金文书法流派的方法,颇具科学道理,对后世影
响很大,可谓是一位有多方成就的艺术大师。

　　在二师的指点下,张大千以双钩写历史碑刻,集好字为对联,体

会字体的间架结构和转折，并学会观察分析临摹字体的特点规律。随着对"三代两汉金石文字，六朝三唐碑刻"的学习，日积月累，书艺不断精进，那一段时间，张大千用功至极，书法绘画进步神速。四川美院教授林木先生说："那个时候年轻嘛，二十岁左右，才气横溢，临谁像谁，跟他的记忆力有关。张大千临画的时候，他能背得出来哪一笔是怎么搞的，哪个石头是怎么画的。他有那个超强的记忆力。所以，一般的画家可以通过学习来达到，大师级的画家那是要靠天才。"

超强的记忆加之不断的苦练，张大千练就了临摹、背临等过硬功夫。无论什么字，他都能通过字面分析出其用笔诀窍，并摹写得酷似原作。据说一段时间，张大千竟练到左右手写字区别不大的境界。现在想来，当时上海繁华热闹，一个青年穿越灯红酒绿的街道，不为所惑，像一个修行者，埋身于中国传统书法绘画学习之中，其实不易。

"书山有路勤为径，学海无涯苦作舟。"要成为一代书画大师，道路还很长，就像建一座大厦，不仅要有坚实的基础，还要一砖一瓦地不断建设。张大千的"勤奋"是出名的。20世纪80年代，看到《甘肃文艺》的一篇文章，其作者记录了当时在敦煌的所见所闻，说起张大千："他每天凌晨五点起床，伏案临帖一小时。"听之感慨。巧的是，张大千弟子孙云生近日出版《绝美的生命交集》一书，也说到张大千晚年在巴西八德园的生活："老师每天凌晨五点起床，写字画画。"两头相接，竟过去二十余年。

曾、李二师之后，张大千又转学多人，先后学习《瘗鹤铭》《泰山金刚经》等笔法，并吸收北宋黄山谷的笔势，中年逐渐形成自己的风格，被人称作"大千体"。张大千喜画荷花，其荷干的表现健劲有力，气势过人，如写大篆一般，这与他雄厚的书法功力相得益彰。吴昌硕说过："我平生得力之处，在于能以书作之法作画。"吴昌硕是中国清晚期最有影响力的书画大家，他将凝练遒劲的书法、出锋钝角的篆刻行笔、运刀及章法体势融入绘画，形成富有金石味的独特画风，使得当时著名画家任伯年拍案叫绝。中国书法亦被誉为"无言的诗、无行的舞、无图的画、无声的乐"。其抽象的精神语汇，宇宙般宽广，奥妙无限。如今，国外现当代艺术家对于中国书法也是情有独钟，认为中国书法是抽象绘画最可借鉴的表现形式。张大千绘画虽未走篆法之路，但其获得的书法营养，尤其是晚年独创的泼墨泼彩画中的书法精神亦不容忽视。

# 遁入空门

　　曾氏身怀张大千时，一日恍惚入梦，梦见在一清澈明耀山谷中，一长袍老者手托闪闪金盘，盘中坐卧一只可爱黑猿，老者对曾氏言："如喜欢，可送之。"曾氏生下张大千后，张怀中对"猿梦"深信不疑，并在一次见到曾熙时讲述了这个故事，受之感染，曾熙给张大千起名"蝯"。此前，张大千的名字叫张正权。关于"蝯"一说，傅申先生认为："我的推究还有一个原因，张大千的老师曾熙是湖南人，湖南有一个书法家叫何绍基，晚号蝯叟。这个何绍基是影响曾熙很重要的一个书法家。所以他老师脑筋里面有何蝯叟。听到猿的故事，就想到，就给他取名张蝯，'爰'字他用了一生。早年 20 世纪二三十年代，那个爰是有虫字边的，后来去掉了。"

《张大千自画像》（局部）

《猿》

自己是黑猿转世，张大千也是深信不疑，一生中，他养猿画猿，无论身处何地，即使在国外定居，家中也不忘蓄养猿猴，并且画了不少猿猴，即使在自画像中，也不忘画上心爱的猿猴。张大千曾画一只猿猴，双臂高举，似抓枝头，两脚腾空，一高一低，甚是有趣。是冥冥之中的感应，还是张大千有意相合"猿梦"，大概他自己也不能说得清楚。张大千一生名号繁多，猨、媛、爰、季，字古皇、季爰、大千，号大千居士，别署石室沙弥、弘丘、弘公、弘丘子、大千学士等，据说光印章就有三千多枚。随着画技日臻成熟，声名响亮，求画者络绎不绝，张大千为人慷慨，多是有求必应，但盖印时根据不同人群选择印章名号，分而盖之。"大千居士张爰""蜀人张爰"等便是其常用题款。

在曾熙老师门下，张大千突然做出一个决定，出家为僧。曾熙及众弟子甚觉纳闷。有人揣测此举与张大千早年深爱着的表姐谢舜华去世相关。谢舜华性格温柔，长相清秀，与张大千少时相恋，青梅竹马，情投意合，二人约定张大千留学返国即刻成亲。未曾想到谢舜华不到20岁芳年早逝，被干血痨病夺去生命。噩耗传至日本，张大千惊诧难过，即刻要回内江凭吊，适逢张勋闹复辟，国内兵荒马乱，回到上海的张大千因路途凶险，加之家人坚决反对，不同意他回内江，无奈折身回到日本。后经父母撮合，他再与当地一女子订婚，却发现该女子精神惶惑，头脑不清，再又退

张大千常用款识

婚。两件事对张大千刺激不小，时时发出今生不娶、遁入空门之类言语。但也有不同说法，认为张大千一生受不得拘束，曾熙上课威严，学生多有敬畏不敢言语，压抑孤独也是他出走的原因。还有学者认为："感情受挫只是他出家为僧的表面原因，回国后一时找不到发力方向，才使他将视线转向博大精深的佛学。"以上言论，均来自各类出版物。这次，记者见到张大千女儿张心庆，她对父亲的"出家"是这样解释的："他不是想出家，他是想'逃婚'。"我以为这一说法靠近事实。谢舜华故去已有几年，若论出家，他从日本归国就"出了"，何必待到生活渐趋平静方才有此作为，逃婚应该靠近事实。曾友贞治家严厉，儿女恭敬从孝，母亲安排的婚事张大千不敢有半点违逆。此时的曾母为张大千撮合了一门亲事，女方曾正蓉是曾母本家的一户女儿，也是张心庆的母亲。曾正蓉为人厚道，相貌平平，因为体胖，后来全家人都亲切地叫她"胖妈妈"。张大千不同意这门亲事，但又不敢抗拒，无奈出家为僧。张家遵循祖训，治家严厉，张大千二哥张善孖在家很有威信，一次过五十岁生日，众好友纷纷赶来捧场，场面热闹，遭到母亲训斥，高堂老母还在人世，如此作为不孝不敬，张善孖赶紧向母亲赔了不是。同样，对母亲张大千也是极为孝敬，"南张北溥"声名鹊起之后，风尘仆仆的张大千回到家里，首先给母亲跪拜问安，接着给母亲洗脚按摩。一次，从外归家的张大千给母亲洗脚，被女儿张心庆看到，她说："爸爸把那个裹脚布一层一层揭开，我一看奶奶是一双小脚，心里边好像一下就痉挛了，我觉得，爸爸的手是画画的手，怎么能够给奶奶洗脚呢？那个时候他在中国已经是小有名气了，我对这个印象很深。给奶奶洗了脚，他又到厨房里去，给奶奶熬药……"

说到奶奶，张心庆非常钦佩，她说："我觉得我们家里面，奶奶很

百年巨匠
张大千
Century
Masters
Zhang
Daqian

三千大千

有办法，四个孩子培养得都很特殊。二伯父画老虎很出名，而且是很爱国的画家；三伯父是做生意的，是大轮船公司董事长之类的。四伯父是全国十大名中医之一。"

张大千最终去了松江禅定寺。寺庙住持逸琳法师得知张大千善画，将他收留，赐法名为"大千"。"大千"之名语出佛家经典《长阿舍经》"三千大千世界"。法师告诉这位新弟子：世界无量无边，宏广微深，千差万别，包罗万象，要胸列万物，观广探微，将己之大千世界融入世之大千世界，再将世之大千世界返回己之大千世界。此后，"大千"之名伴随张大千一生。

"大千"之名玄机四伏，却又明阔开朗。一生中，张大千遍游名山大川，中原大地、江南塞外，中国香港、阿根廷、巴西、美国、日本、朝鲜等地都留下他的踪影。张大千曾在一首诗中写道："老夫足迹半天下，北游溟渤西西夏。"似乎亦暗合了"大千"世界之千千广大。

在松江禅院，张大千崇奉"日中一食，树下一宿"。这也是释迦牟尼的修行方式。在此期间，他结识了当地画家王支林、费龙丁等画友，交往频密，切磋画艺。1920 年，内地发生水灾，松江画家义卖助赈，张大千加入其中，挥毫泼墨，画就一幅三尺立幅《踏雪探梅》，画中老梅苍劲疏朗，清新自然，这幅画应该是张大千早年水墨画代表作之一。在此期间，张大千还画了一幅《仿李伯时罗汉图》，可以看出，他笔下的出家人也是充满了世俗的意趣。见性成佛，张大千的性情里放不下红尘世界。

宁波观宗寺的谛闲老法师，在佛门声望很高，张大千决定去宁波拜见谛闲法师。告别逸琳法师，他一路奔走募化，来到了宁波。观宗

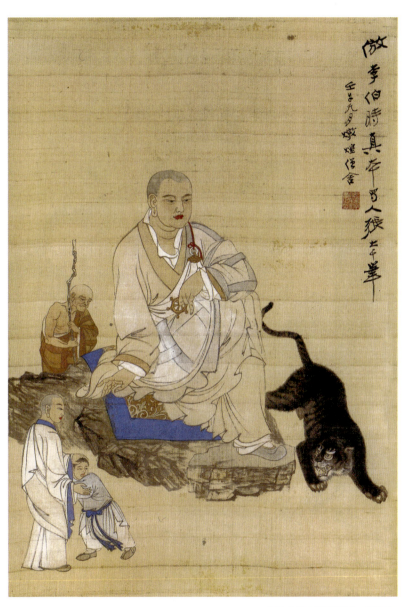

《仿李伯时罗汉图》1920 年

百年巨匠

Century
Masters

张大千

Zhang
Daqian

寺知客僧对张大千不屑一顾，闭门不纳，张大千便写了一封信给谛闲法师。据说谛闲法师正在闭关，见信欣然同意接见。原来谛闲法师见张大千信写得诚恳，字里行间又透着灵气，便允诺一见。来到寺里，张大千时时请教谛闲法师，与法师谈佛论道，听经说法。一个月后，谛闲法师对张大千说："你既然来观宗寺求戒，希望能早日完成受戒，诚心向佛。"张大千犹豫起来。他与法师辩论说："佛教原本没有烧戒规矩，印度传入中国初期，也不兴烧戒。烧戒是梁武帝创造出来的花样。梁武帝信奉佛教后，大赦天下死囚，赦了这些囚犯，又怕他们再犯罪，才想出烧戒疤这一套来，以戒代囚。"谛闲老法师说："你既在中国，就应遵奉中国佛门规矩。"那天是腊月初八，第二天举行剃度大典，张大千逃出观宗寺。

张大千打算到杭州西湖灵隐寺去，投奔一位认识的和尚。这一年，被人称作"二十文章惊海内"的艺术大师弘一法师也到了杭州灵隐寺出家。不过两人并不认识。

张大千或许想借出家寄托内心浪漫，抑或幻想做清四僧、陈老莲或智永、怀素那样的和尚，向往他们恣肆随性，身披袈裟，却并无佛教信仰和恳切实际的佛教修行，只是寄身禅院，做"狂来轻世界，醉里得真知"的艺术家吧。

张大千来到西湖旗下营，过渡岳坟，渡船钱要 4 个铜板，他摸摸口袋，只有 3 个铜板。心想船夫总会对出家人客气吧，不想船夫不但不发慈悲，反而破口大骂。双方争执起来，只听哧啦一声，张大千的海青被船夫扯破。游方和尚没有海青，就不能挂单，张大千顿时大怒，见船夫抢船桨过来，夺过桨来把船夫打倒在地。船夫大叫救命，岸边路人也大叫"野和尚打人了"，张大千快步离去。

张大千有些心灰意懒，朋友给他出了一个主意，在上海附近的寺院住下，一来方便画画，二来也可以和上海画界朋友交流。张大千决定回到上海，一下火车，就被二哥张善孖抓个正着。张大千被朋友"出卖"了。

张心廉说："后来张善孖打听到了他在哪个地方，过去之后他就跑。结果张善孖后来是在一个火车站把他抓到，把他带回来的。"

# 赋闲在家

百年巨匠
张大千
Century
Masters
Zhang
Daqian

　　人不轻狂枉少年。张大千的轻狂之举被二哥张善孖及时阻断。回到内江，家人很快为其完婚，张大千与新妻曾正蓉拜过天地，在家中待了三个月，就告别家人，撇下新妻去了上海。多年后，女儿张心庆说到父亲和母亲的婚姻，仍然心情难抑。她说："我到美国去和他通过一次电话，我觉得我最伤心也最忘不了这次电话。第一次跟我通电话时，他就叫我十一（张大千兄弟四人所生孩子很多，仅张大千先后娶了四房太太，生有十多个孩子。张心庆在张家同辈兄妹中排名第十一，全家人习惯叫她十一），他说：'你说话说大声一点，我听见你说话，就好像是在 40 年前听见你娘的声音。你娘是奶奶讨的媳妇，我俩没有感情，为了弥补心灵上的痛苦，我特别爱你，悄悄地爱你，你恨爸爸吗？'我说我见你见不着我怎么恨你呢？我不恨你。他就在那边哭，我也在这边哭，他说：'很对不起，我之前没有和你妈妈很好地相处，死后呐，棺木都没有买一副，我深感良心的谴责。'我很感动，觉得他还是对我妈妈有点感情，但是他不爱她。包办的婚姻有什么办法，他还是觉得心里边很难受啊！"张心庆和父亲的这次通话是在 1982 年，正是改革开放之初，张心庆萌发了再见父亲一面的愿望。她找到父亲好友何香凝女士的儿子廖承志，由廖承志张罗她去美国会亲，不巧，到达美国后，张大千正在台湾办展，加之身体原因无法抽身赴美，台湾又不办理张心庆入台手续，故而未能见到日思夜想的父亲。张大千将留以自怡的《春畦图》转送给女儿，并在画上添写："此父留以自怡者，今以付汝，当守之勿失，知父爱汝之深也。"舐犊之情，涌溢于心。曾正蓉晚年一直随女儿张心庆一起生活，生活艰辛，20世纪60年代患病去世。

曾熙并未责怨张大千不告而别的"出家"举动，一如往常教习张大千书法。考虑到张大千喜爱画画，曾熙将张大千引荐至好友李瑞清门下。是年，李瑞清去世。张大千再回内江老家。

家中清静，几位大哥在外忙碌，大姐琼枝也已出嫁，据说琼枝出嫁时悲痛万分，不愿与家人分开。婚后不久，大概一年多吧，男方家来人告知，琼枝得病服错药物身亡。张大千和大姐琼枝感情最深，多年后，说起大姐时，仍然伤感。此次回家，张大千完成了他人生的第二次婚姻。曾正蓉两年未孕，家人着急，再度为他续弦。二夫人黄凝素，16岁，家住内江兰木湾。黄凝素喜欢书画，个性活泼，知书达理；曾正蓉朴实厚道，任劳任怨。两位夫人相处和睦，家中平静。张大千每日读书画画，自性自为。

闲来无事，张大千也去城西不远处的降龙山下资圣寺，与寺里的主事果真长老喝茶叙事，谈佛论道。张大千喜欢寺庙禅院，这也是独出一举，张家人笃信天主教，唯张大千喜佛谈道。1937年，逃离北平的张大千回到成都，他将一家人的居处选择在了青城山上清宫，并受道士之请，画了《麻姑像》《花蕊夫人像》等画像。闲时，张大千也与上清宫道士谈禅说道。大风堂弟子孙云生讲：大千先生的禅心佛慧并不愿与周围的朋友弟子说起，

《麻姑像》1937年

百年巨匠
Century
Masters
张大千
Zhang
Daqian

《罗浮观瀑图》1934 年

要寻找大千先生的心禅，可以在他目前遗留下来的 700 首诗，21 首词当中入手。如 1931 年，他上黄山时所作的《莲花峰》："特立三千仞，亭亭瞰大荒。污泥原不染，云水自生香。"而"污泥原不染"有六祖慧能"本来无一物，何处惹尘埃"之意。《罗浮观瀑图》："一入罗浮世梦醒，琴心三叠道初成。匡庐近说多尘垢，瀑布何如此地声。"表达了人生犹如罗浮一梦。还有 1960 年张大千在巴黎所作的《题画》诗："黑者是山白者水，可怜黑白太分明。人间万事烟云过，莫使胸留未了情。"此诗题在一幅抽象的水墨画上，画作持有者是张大千的好友郭有守。郭有守是台湾"驻法国大使馆"的文化官员，其妻杨云慧是杨度女儿，1949 年后生活在大陆。郭有守坐守巴黎，夫妻两地分居。关于张大千喜佛参禅，大风堂弟子孙家勤对《百年巨匠》编导说："大千老师认识的佛教是佛理，并不是宗教。所以我和大千老师对于禅宗的想法，是完全把它由佛的思想变成了一个哲学方面的东西了。张老师的想法蕴含着非常多的佛理。因为张老师非常用功，他在敦煌三年，把所有的经典都念了，他的记忆力超强，能不受影响吗？但是他并没有被宗教限制住。"孙家勤是民国初年大军阀孙传芳的小儿子，曾在巴西圣保罗大学攻读艺术学博士，20 世纪 60 年代拜张大千为师。

在果真长老邀请下，张大千为降龙山下一块石碑撰写碑文。此碑原为明嘉靖十四年中进士后，任礼部尚书兼文渊阁大学士的赵贞吉书写，多年风蚀雨侵，碑上字迹开始剥落，模糊不清。原文曰："一睹何处牧歌来，万户千门此处开。识得此处真实意，不知哪地有安排。"另一副是对联，准备刻在新建的石坊大门上，联曰："以奇石做兄弟，好鸟做朋友；以白云做藩篱，璧山为屏障。"联上每字斗大。此时的张大千书法已是今非昔比，功力大有长进，他以魏碑书风写就，字体苍劲、凝重，古朴有拙。果真长老甚为高兴，连连夸赞。

　　与此同时，江苏松江华亭县任职的张善孖因夫人去世两年，也续弦。新夫人是华亭县 19 岁姑娘杨浣青，其父杨容曦曾任松江府太学，写得一手好文章。经人撮合，二人成亲。内江这边，四哥张文修也离开重庆求精中学，帮三哥经营轮船生意。不想一次运营中，在嘉陵江撞上一艘运兵船，两船双双沉江，心灰意冷的张文修开始研究起他喜欢的中医。时值四川军阀混战，兵匪泛滥，张大千父亲经营的"义为利"店遭兵匪抢劫，从此一蹶不振。全家商议后，决定迁住江苏松江府，投奔张善孖。随后又迁住安徽郎溪县。张心廉说："因为我们父亲在安徽郎溪办了一个农林场，我们那几个伯父、叔父都居无定所，像他们两个画画的都是到处走，我那个三伯父在几个地方经商，我父亲固定一点，因为他行医嘛。所以我父亲就在安徽郎溪县办了一个农林场，把我祖父祖母接到那个地方供养。当时我父亲虽然在上海行医，但随时回去，我母亲侍奉我们的祖父祖母。后来祖父祖母都在安徽病故。现在祖父母的坟墓还在安徽郎溪。"

　　九弟张君绶随张大千到上海，在曾熙老师门下学写字画，这期间发生的一件事令张大千终身遗憾。张君绶因不满家里撮合的一桩婚姻，给曾熙、张大千留下一张纸条后只身出走，投海自尽。张大千为此终生遗憾，常常悔恨没有照顾好九弟。此事张大千一直瞒着父母，直到他们去世。

# 崭露头角

1924 年，25 岁的张大千绘画事业有了突飞猛进的发展。这主要来自在上海"秋英会"上的才艺展示。"秋英会"是客居上海的湖北文人赵半皮主持的文人雅集。20 世纪初，上海、北平、广州都有秋英雅集，而上海的秋英雅集最为知名。每年秋高气爽时，文人雅士纷纷齐聚，赏菊吃蟹，吟诗作画，籍籍无名的张大千在二哥张善孖带领下，第一次参加了"秋英会"。张善孖是从察哈尔商都县的任职上赶来的，目的就是为了提携八弟，希望他日后有出息。张善孖是"秋英会"的老会员，名流雅士多有熟悉。张大千不负二哥期望，"秋英会"上表现出众，在吴昌硕等前辈鼓励之下，张大千伏案画墨菊、古代高士，画完后题下杜甫绝句："每恨陶彭泽，无钱对菊花。如今九日至，自觉酒须赊。"与会诸人看罢纷纷赞叹，乘兴此间，张大千又画了山水、人物、花鸟等，展示了诗、书、画三方面才艺，获得一个"满堂彩"。长江后浪推前浪，前辈对后辈多是提携鼓励，看到风华正茂的张大千能诗善画、彬彬有礼，

谢玉岑

张善孖

百年巨匠
张大千
Zhang
Daqian
Century
Masters

《匡庐瀑布图》1934 年

前辈自然欣喜支持。"秋英会"之后，张大千一举成名，同时，他还结识了一批书画界朋友，其中"江南才子"谢玉岑、青年画家郑曼青等与张大千交往频密，常在一起吟诗作画，张大千和谢玉岑更是成为生死之交。那些日子，还有不少新的朋友与张大千颇多往还，联系书画之谊。

央视《鉴宝》节目展出一幅张大千与吕炎、言慎三人合作的手札作品，从吕炎、言慎录诗落款可知该作品完成于 1925 年夏，也正是"秋英会"之后的一年，作画地点在爱晚亭留青阁。张大千画了五位人物，均是与世无争的传统文人隐士，画作背景的松树造型虬髯苍劲，与张大千后期某些山水松树造型基本相同。看得出四屏画应该是三人预约合作。"秋英会"之后，张大千人气很旺，朋友多了起来。画中张大千录了一首唐诗《早春》，吕炎书录唐诗《望庐山瀑布》，言慎录唐诗《山行》。张大千写的《早春》，字体古拙端正，显示出其早期书法特征，与张大千后期书法比较，多数字体结构与之后书法结构相似，如：烟、胜、绝、处、草、近等。大概为了画中意境，张大千还将"最是一年春好处"写成"最是一年春草好"。在以后的画作诗题中，张大千也有这样的改动，如他在几年后作的《匡庐瀑布图》中将"远近高低各不同"写成"远近高低无一同"。四屏落款"张大千"与后期落款亦不相同。大概 1925 年时张大千的落款风格尚未成形。

# 红颜知己

"秋英会"后，张大千信心满满，计划再办一个画展，向世人展示自己的才艺。动因来自李家兄妹的支持鼓励。李祖韩、李祖莱、李秋君兄妹是张大千来上海后结识的朋友，据说四年前，李家买了一幅张大千仿石涛假画，识破后李家三小姐李秋君对家人说："画虽假，仿造之人却是绘画天才。"李秋君是沪上著名才女，能诗善画。李家多次邀请张大千到府上做客。据说第一次来到李家，张大千见墙上挂着一幅李秋君的工笔山水画，大加赞赏，想拜画者为师，见面后，也是相互倾慕，你情我意，日积月累，两人感情与日俱增。李家有意将三小姐许配张大千，碍于家中已有妻室，张大千不敢委屈豪门之女，婚事只好作罢。李家是上海名门望族，原籍为浙江宁波附属的镇海县小港镇，曾祖父李也亭于道光年间来上海做学徒起家，到了父亲李薇庄这一辈，家境兴旺，财产丰厚，成为上海极有地位的家族。辛亥革命之后，李薇庄与首任上海都督的陈其美关系甚洽，曾出任上海民政长。在李家，张大千和李秋君双出双进，形影不离，借用台湾作家高阳的话

赠李秋君《晚波渔亭图》
20 世纪 30 年代

就是"好得不分你我"。有人说张大千聪明，虽然孤身在上海打拼，遇到天作之美，却未将实情隐瞒不报，实话实说，难能可贵。张大千和李秋君同龄，李秋君仅比张大千小四个月。李家兄妹月月都有可观开支，每次领到月钱，李秋君都会省出一些，供张大千在李家生活之用。那段时间，张大千身体不适，李秋君悉心侍奉，以致为张大千诊病的大夫，误认李秋君是张大千的太太。上海小报以此为噱头，捕风捉影，大做文章，二人关系一时哄传上海滩。张大千甚为不安，李秋君却不以为意。

在这个世界上，爱情最让人兴奋好奇，无论是当事人，还是旁观者都乐此不疲。李秋君对张大千的爱绝不是有意给外界爆料而凸显自己的声名，她敬佩张大千的才华，凭着女性的敏感和细腻，她发现这个来自四川、个头不高、身体结实的小伙子总是有些特别，仿若藏着某种玄奥的力量。张大千也懂李秋君的感情，他感受到这位富家小姐所持有的精神力量以及对自己无私真诚的爱慕，他无以回报，便将"大风堂"这块对他来说神圣不可侵犯的牌子交给李秋君，他说："我不在家的时候，李秋君可以代我收徒。"时光匆匆，1948年，张大千再来上海时，二人已韶华不在，均年届五十。那次，张大千偕新妻徐雯波同来上海，住在李秋君家里。年方20的徐雯波见到李秋君时，出于女人的敏感，多少显出不大自在，李秋君却大方地走过去拉着徐雯波的手说："大千是国宝，咱们要好好照顾他。"也就是这一年，上海新朋老友有意为二人做五十大寿，为二人共庆。名篆刻家陈巨来特意刻制"百岁千秋"印章，并将"千""秋"蕴涵其中。

作为张大千的红粉知己，李秋君有着独立非凡的个性，她和张大千因绘画相爱，又因绘画产生神奇的情感联通，可谓心心相印，不离不弃。李秋君终身未嫁。

陈巨来印，刘汉春跋《百岁千秋》1948 年

1949 年，张大千离开大陆后，无论走到哪里，都会收集当地泥土装入信封，写上"秋君亲展"。身在大陆的李秋君在"文化大革命"中受到了何香凝的保护，未遭磨难。1971 年，李秋君病逝于上海。消息传至大洋彼岸，家人一直瞒着张大千。一天，徐雯波不小心说漏了嘴，

张大千听后心中伤感，夜不成寐，写下一封长信寄至台湾李秋君二哥李祖莱处，表达内心的悲哀和伤痛。

张大千和李秋君的大哥李祖韩、二哥李祖莱关系也很好。据张大千《我的知音李秋君》一文回忆：记得有一次，我刚由四川到上海不久，我同李祖韩大哥去澡堂泡澡，就在澡堂里修脚时，无意间看到一份小报，上面赫然有"李秋君软困张大千"的标题。那篇文章说我到了上海，被李秋君软禁在家里，秋君要独占大千，禁我社交活动等莫名其妙的渲染和形容。当时我看了极为不安，我很不好意思地将报纸递给李大哥说："小报如此乱写，我待会怎么好意思见三小姐！"大哥说："这些莫名其妙的胡扯，管他的！"该文还写道："原本追求

38

张大千与李秋君（右五）兄妹及好友合影

秋君的名士甚多，向李府做媒求亲的不少，其中还包括外交官，但均为秋君所婉却，我每次都想极力促成，但秋君淡然一笑置之……我们曾合购墓地，互写墓碑，相约死后临穴而葬，秋君也顾及名分并不越轨。他还说我有三位太太，不知谁先过世，因此他写了我的三种墓碑，并半开玩笑说，不知哪位太太的运气好，会与我同穴合葬，我也为她写了'女画家李秋君之墓'。"

值得一提的是，央视"百年巨匠"摄制组采访张大千女儿张心庆时，说起李秋君，年近耄耋的张心庆是这样说的：

采访者：请问您见过李秋君吗？

张心庆：见过两次，一次是我21岁参军的时候，我们住在（马当路）西城里，她来看我爸爸，她一直叫我爸爸八哥嘛，她在和爸爸研究画画的事。一次就是我五六岁的时候看见过她。

采访者：那听说李秋君也帮着你们家带过孩子的。

张心庆：没有带过孩子。我爸爸跟她感情（好），就把黄凝素的女儿过继给她。是这么一回事。

我觉得李秋君这个人很伟大，她并没有跟我爸结婚，但是她对我爸爸的画画，那种默契、尊重，对他的爱，我们都很敬佩。

采访者：李秋君漂亮吗？

张心庆：那时候我看见她，就像你们看见我是老太婆的时候。我看见她年轻的时候，还是很漂亮的。她是上海的大户人家嘛。

在李秋君兄妹支持下，宁波会馆"张大千画展"顺利开幕。展出当天，张大千、李秋君、李祖韩、李祖莱等一干朋友早早来到会馆，随着开幕式临近，张大千竟担心是否有人观看，期盼的心情对张大千刺激不小，毕竟是平生第一次画展。有人说：张大千一生中很少亲临自己的画展，皆因宁波会馆首次画展心情紧张所致。张大千自己说："我为何不参加自己的画展开幕式，原因有三怕。第一怕我在场有兜售自己画作嫌疑；第二怕别人看见你要恭维你，我这人不会客气，说出的话使对方心里不舒服，也会在后边骂你；这最最重要的是第三怕，别人看你的画是狗屁，又不好意思当面说给你，得不到真实意见。"

画展最终取得圆满成功，展出的 100 幅画作以每幅 20 元大洋全部售光，这对张大千来说是莫大鼓励。当然，画展的成功，离不开李家兄妹暗中操心、鼎力相帮。

# 外师造化

　　宁波会馆画展结束后，张大千顺风顺水，开始在上海滩崭露头角。1926年农历寅丑冬日，张大千为周梦公之妾素兰作白描像。3月，上海《申报》刊登"张季爰卖画"启事。这期间，张大千参与上海文人间流行的雅赌，据说是朋友强拉硬扯之下的参与，结果运气不佳，张大千输掉母亲曾氏交付自己的一本家藏古本字帖《曹娥碑》，痛定思痛，绝迹赌场。那一年，大风堂开始收徒，所收第一位弟子一说是吴子京，一说是胡若思。

　　1927年夏，张大千赴黄山写生，与二哥张善孖同往。张善孖对政治已经失去兴趣，在此之前，他曾做过乐至、南部、阆中、蓬溪、乐山、三台等县盐场知事，并出任总统府咨议，后又任国务院咨议、商都县长等职。作为老同盟会员，面对军阀割据，明争暗斗的纷乱局面，张善孖心灰意懒，于是弃政从艺，把热忱投放在他所喜欢的绘画中。这次卸职，张善孖与八弟写信谈过，张大千支持二哥的想法。最后张善孖挂印而去。

　　第一次上黄山，可谓难煞两兄弟。乾隆、嘉庆之后，黄山逐渐荒芜，成为一座野山，没有进山的路。张大千和二哥雇来当地民工一路"逢山开路，遇水架桥"，从黄山南麓汤口进山，几经折腾，终于登临主峰光明顶。

　　张大千和张善孖一路走一路画，"历前澥，入后澥，观文笔生花，登始信峰"。张大千被黄山千岩竞秀、怪石林立的景象所吸引，他赞

《黄山云海》1981年

《黄山散花坞》

叹道："境益奇，路益险，峰下怪石无数，肖物赋形，不可名状。"张大千喜欢黄山千峰万壑、松涛云浪的景色，他举目四望，心情振奋，并在之后所画的《黄山云海》中写下题跋："蓬池几回干，桑田几回改。谁信天地间，竟有山头海！"随着不断攀爬，千峰万壑，松风云海浮现眼前，张大千和二哥张善孖画了不少速写，将山石、劲松，云海、峭壁一一收入笔下。对于黄山的险峻、路途之曲折张大千也是印象深刻，多年后他心有余悸地说："黄山

石涛画作

风景，移步换形，变化很多。别的名山都只有四五景可取，黄山前后数百里方圆，无一不佳。但黄山之险，亦非它处可及，一失足就有粉身碎骨的可能。"

　　黄山是张大千从临摹古人到外师造化的开始，他感受到自然的博大、无限的神奇，尤其是真山真水与心灵撞击而出的一股神奇妙韵让他心有体悟。他说："画山水一定要求实际，多看名山大川，奇峰峭壁，危峦平坡，烟岚雪霭，飞瀑奔流。宇宙大观，千变万化，不是亲眼看过，凭着臆想是不上笔尖的。"

　　张大千画山水比画人物、花鸟画迟一些。他说："绘画中，人物、动物最难，我初学画时，就是从人物着手画起，以后才改学山水。"他还说："梅师酷好八大山人，喜欢花竹松石，又以篆法为佛像；髯师则

第一章　志存高远

43

《黄山松石图》1969 年

好石涛，为山水松梅；予乃效八大为墨荷，效石涛为山水。"

20 世纪 20 年代，石涛很受人们追捧，风气之盛可谓遍及江南，横扫华夏，乃至日本也刮起一股石涛热。当时民国一位有影响的人对石涛的诗作有过这样的评赞："石涛是杜甫以后第一人。"作为清四僧之一的画家石涛，被称为近代绘画史上集艺术家、诗人、思想家为一体的大智慧之人，他的一篇《画语录》几乎成为中国画学史上乃至中国美学史上的压卷之作。在曾、李二师推荐下，张大千学石涛、画石涛，同时旁及八大山人、渐江、石溪、徐渭、陈淳等。对于石涛，张大千是烂熟于心，以至于后来他的绘画无处不有石涛的精神真髓，日后创作中，石涛成为他画中不可或缺的奠基元素。陈定山曾言："张大千是一个聪明人，他从石涛起步，又把石涛一口吞入腹中捣个稀烂，吐得出来，化作唐宋元明千百家。"中国传统绘画的成功之道无非是临摹、读书、行路，而这个过程可谓路漫漫其修远兮。此时的张大千，正是在石涛笔法之上，在自然中寻找着自己笔下的绘画路径。

黄山写生之后，张大千一发不可收拾，又分别游览了泰山、衡山、华山、嵩山等古岳名山，并于 1931 年、1936 年两次上黄山，成就了三上黄山的佳话。有人说，张大千不仅是一位画家，同时也是旅行家，这话没错。从张大千走过的名山大川可以看出,他的足迹遍及我国省、市、自治区达 20 个之多,峨眉山、雁荡山、青城山、天台山、天目山、罗浮山,以及长江、黄河、钱塘江、新安江、洞庭湖、洪湖等,甚至西北敦煌。中年之后,张大千又走遍世界各地。

随着对名山大川的不断写生、游历,"外师造化,中得心源",张大千的山水画创作亦是日臻成熟,逐渐形成自己的表现路径。他画山水,先用粗笔淡墨勾出内心想要表达的境界,再将山石、树木、屋宇、桥梁大体布置妥当,再用焦墨渴笔,安排好树木、山石,最后安置屋宇人物,勾勒皴擦完毕,再用水墨一次一次渲染,使其显出阴阳向背,高低远近。张大千曾说:"古人说过,得笔法易,得墨法难;得墨法易,得水法难。"这些体会都是来自他不断地学习和对自然的写生过程。

时过境迁,晚年的张大千对于黄山念念不忘,每每与人念及,心绪激扬,不能自已。1969 年,年逾古稀的他竟当众即挥毫泼墨,画就一幅《黄山松石图》,并题诗曰:"三到黄山绝顶行,年来烟雾暗晴明。平生几两秋风屐,尘腊苔痕梦里情。"诗中流露出他对黄山的眷念之情。保罗说:"我算是知道得最多,我跟我父亲生活在一起的时间最长。郎静山先生来环筚庵陪他拍照,他就给郎叔叔说,这里的松树有点儿像黄山的松。"黄山成为张大千内心一直的惦念。

黄山写生回来,张大千和上海的好友,后来成为一代著名摄影大师的郎静山组成了"黄社"。两人保持了一生的友谊。

# 艺事情事

百年巨匠
张大千
Century
Masters
Zhang
Daqian

　　1927年，张大千与二哥张善孖一起加入由汪亚尘主持的"上海艺苑研究所"。之后他们又参加黄宾虹组织的"寒友之社"，与同为会友的于右任、何香凝、陈树人等相识。入夏，张大千应日本古董商江藤陶雄邀请，赴朝鲜游览金刚山等名胜，当时朝鲜受日本统治。张大千邂逅朝鲜姑娘池春红，两人私订终身，家人极力反对，无奈屈从，但两人一直联络，直至日军侵略朝鲜，春红抗拒日兵强行非礼，惨死枪下。多年后，1978年，耄耋之岁的张大千借画展之机再去朝鲜，和池春红的哥哥一同到春红墓地祭奠。张大千和池春红很有缘分，二人相识于和朋友的笔会上，当时池春红16岁，肤白发黑、楚楚动人，被人叫来为张大千扶纸研墨，虽然言语不通，但二人眉目传情，心有

张大千在日本与友人合影

张大千在上海　　　　　　　　张大千和春红

灵犀，很快投入到热恋当中。张大千多次请求母亲允准，接纳春红为妾，无奈母亲拒不同意，只好作罢。有情人不能成眷属，张大千放下些银两，让春红不再做艺伎，以开药铺度日。

1928 年初春，张大千从朝鲜回到上海。这期间他获得一幅石涛设色山水手卷，极为精致，山峦、树木、群山苍茫郁勃、松润奔放，卷中有大段石涛题字，可谓书画合璧。张大千欣喜万分，每日细细观摩临仿，并写下心得："石涛之画，不可有法，有法则失之泥；不可无法，无法则失之犷。" 4 月初，黄宾虹与张善孖、马贻、俞剑华、熊松泉、张大千等发起"烂漫画社"，5 月份出版《烂漫画社》第一集，向各位同行友人发送。入夏，张大千和二哥张善孖出版《大风堂藏画》，该画册由上海大东书局印，接着又出版《蜀中三张画册》，三张即张善孖、张大千、张君绶。

1928 年秋冬之际，张大千接到日本有关方面信件邀请，请他去东京鉴定一批中国古画。在安顿家小后，张大千出发了。这次他转道北平，处理过一些事务方才赶赴日本。在北平，他拜望了国学大师、诗

百年巨匠

张大千

Century
Masters

Zhang
Daqian

《三十四岁自画像》1932 年

坛名宿，陈寅恪的父亲陈三立。通过陈三立介绍，在恭王府偏福殿认识了旧王孙，著名文人画家溥心畬。在日本期间，张大千身体不适，住进医院，此间接到春红来信，心下感慨，思念不已，写下一段长诗回寄春红，病愈急急赶赴朝鲜，与春红见面。"两情若是久长时，又岂在朝朝暮暮。"张大千和春红一直鱼雁往来，每年尽量抽时间见面，直至抗日战争爆发，双方失去联络。之后就是前文所述悲剧。再见春红时，旧人早已魂飘远方。

1929 年春，张大千从朝鲜回到上海。闲居在家的他忽然意识到四月初一便是自己 30 岁生日。"三十而立"，这是先儒给予我们的生命认识。孔子说："吾十五而至于学，三十而立"大概受此觉醒启发，张大千特意画了一幅自画像，画中的他站立于一株虬髯苍劲松树之下，身着白袍，长髯垂胸，侧目凝视远方。画作完成后，张大千遍请国内名家熟友签名题字，曾农髯、陈三立、黄宾虹、杨度、叶恭绰、郑午昌、溥叔明、溥心畬（溥心畬的题字是五年后，在北平见到张大千后所题）、吴湖帆、林山韵、谢无量、谢玉岑、郑曼青、方地山、谭延闿、朱疆村、罗长铭、向仲坚、井上灵山等均为"三十自画像"题字，共计 32 人。曾拥戴袁世凯称帝后又加入共产党的杨度所题："秀目长髯美少年，松间箕坐若神仙。问谁自写风流格，西蜀张爱字大千！"

黄宾虹则题："欧阳永叔年方逾冠，自称'醉翁'。今大千社兄，甫三旬而虬髯似戟，风雅不让古人，观此自写照，尤为钦佩不已。"由于各路名家题字诸多，在此不再赘述。后来张大千将"三十岁自画像"集成《张大千乙巳自写小像题咏册》，在上海影印出版，由黄宾虹作序。

中国古代画家很少有画自画像的。明清两代，陈老莲、石涛、金农等开始以自画像抒发心情，但也仅是幅量极少之作。张大千一生作自画像颇多，据傅申先生估量有100多幅，有人说堪比17世纪荷兰画家林布兰特。自画像的风气也是20世纪之后受西方画家影响，可见张大千性格中不拘成法、积极纳新的个性。

张大千的人物画早年学任伯年，后学石涛、张大风，偶尔用点唐六如的笔法。在网师园时，张大千见陈老莲、仇十洲笔下的人物画线条诡异奇谲，便细细临摹体会，研究陈、仇用线奥妙。张大千曾说："临摹是学画的基础，临画如读书，所读之书，绝非自己创造出来的，而是古人累积数百年，甚或数千年的功夫造就而来，临摹等于吸收古人数千年的功夫，在短短时间内奠定基础，再自行化古人为我有。"张大千善于学习和吸纳古人绘画经验，且从不拘束自己，随性自然。30岁之后，他将学习目标上溯十六国、北魏、北周、隋唐、五代、宋、西夏、元等，遍临古代各名家画作，可谓得其风骨，获其精要。张大千临摹古人，并不一味照抄，而是边临边体会。他有一本册子，记录了对中国古代绘画用线之研究，琴弦描、铁线描、高古游丝描、钉头鼠尾描、战笔水纹描……每描都有心得，可见其学习之用心。

张大千所绘人物造型极为严谨，衣纹、皱褶、神情虽寥寥几笔，便已活灵活现，体现出高超的传神技巧。他曾说："画人物要打底稿，画仕女当然也一样，且更要加意地打稿。工笔仕女，尤其不可潦草，一线之差则一坏俱坏。"张大千一生作人物画无数，留下画稿却不多，大部散落民间。从他所画的人物画中可以看出其不施粉黛、仪态万千的传统白描画功力，线条抑扬顿挫、劲健流畅，如行云流水。其用线的美妙正反映出他内心的丰富，以及对自然生命的热爱。张大千人物画多表现古代"高士""仕女"。魏学峰先生说："在他的作品里面，有一个重要的符号就是高士。所有的山水里面，几乎都有一个侧站的高士作为点景人物。这当然是他追求中国传统山水的灵泉之心。在幽径上、断桥边、深谷里追求文人的一种闲适生活，这也是他一生的精神追求。"

张大千的仕女画早年取法于明清诸家，改琦、顾洛、费丹旭，进而华嵒、陈洪绶、唐寅，所绘仕女线条简洁流畅，敷色清丽，纤眉细目，樱桃小口，柳肩蛮腰，婀娜娉婷，顾盼生辉。张大千曾有个美称，叫"张美人"，这源于他喜欢画美女，在他眼里男人不如女人美，女

《芭蕉仕女图》（局部）20 世纪 40 年代

人更容易入画，观音、山鬼、明妃、仕女，都是他画中"常客"。张大千的仕女造型亦曾汲取京剧人物造型，他曾夸赞梅兰芳上妆后的造型，眼神、指法、身段、举手投足无一不美，并说其"浑身都是画稿子"。 20 世纪 40 年代，张大千赴敦煌临摹壁画之后，汲取了六朝至隋唐人物画创作技法，仕女画风格调又有变化，三白法的面部造型很有特点。谢稚柳先生曾评论道："大千的人物画本来就画得很好，但到敦煌后，目睹了从来简籍所不备的丹青千壁……他后期的人物画格，正是从此而来的。"

张大千眼中的美人标准高于常人，不仅要长得美，且气质要"娴静娟好，有林下风度，遗世而独立之姿，一涉轻荡，便为下乘"。纵观张大千的仕女画，整体表现清丽秀雅、别有风姿，观之美不胜收，但也有个别现代美女，姿态妖娆、风情万种，与他追求的娴静娟好及林泉"高士"形成反差，有明显的入世情结。中国传统"文人画"讲求简疏淡远、枯索冷寂、游憩林泉之心，此一表现不能不说是对传统"文人画"的一次"反动"，也是张大千性情多面的折射。每个艺术家都不能逃避自性之下的真情实感，就像林木先生说的："艺术说到底，它的本质就是一种情感的表达，不管它表达的是一种愉快或者是一种忧郁。表达感情的时候也是一种对自己的释放，是一种自由。当然说到底呢，艺术就是一个玩。"

1929 年，中华全国第一届美术展览在南京隆重举行，该展由南京国民政府教育部主持举办。张大千两幅作品参展，同时他被聘为美展干事会员，负责审查送展作品。展会期间，张大千结识了叶恭绰、徐悲鸿等。美展之后，他束装外出，去北平、日本写生画画。在日本他画了大量大雄山、最乘寺杉树，多年后，日本有关方面将这些写生印刷出版。其中一幅《最乘寺之杉》以淡墨渲染，株株老杉虬枝苍髯，盘根错节，形态逼真活泼。

1930 年春，由张大千补景，张善孖画的 12 幅老虎图取名《十二金钗图》出版，曾熙作序 。之后，张大千偕夫人黄凝素赴北平、大连游览。之间接到春红来信，张大千由陆路赶赴朝鲜，与春红会面，在春红陪同下再度游览金刚山。

性格所致，张大千喜欢四处奔波。居住苏州网师园时，他与家人说好中午回来吃饭，家人左等右等不见踪影，下午接到电话，人已到了南京。1930 秋，张大千由朝鲜返回上海。10 月，曾熙不幸去世，张大千悲伤不已。丧事过后，张大千与张善孖发起"曾李同门会"，以示对二位恩师纪念。11 月，徐志摩因飞机失事身亡，胡亚光绘《诗人徐志摩遗像》，张大千为之补衣、景并题。1931 年 1 月，张大千母亲曾氏七十大寿。张大千赶往浙江嘉善，全家人聚在一起。在外经商的三哥张丽诚也从四川专程赶来。

是年，张大千遵照曾熙遗愿，扶送曾熙灵柩回湖南衡阳老家安葬，顺便上衡山游览，俯瞰群峰，观赏日出。翌年，张大千再来曾熙墓地祭扫，再游南岳。以后，每年清明，只要有空，张大千都为曾师扫墓。这年夏天，张大千、张善孖、王一亭、郑曼青等人被聘为中国古代书画出国画展审查委员，赴日展览。

# 再上黄山

1931年9月18日，日本出兵中国，东三省被日军占领。同年，张大千和二哥张善孖第二次上黄山写生，"大风堂"门人弟子吴子京、慕凌飞、张旭明等随同。孙云生先生说："他们从钱塘江上溯，经富春江、新安江而上，游玩了一个月才返回。其中的几个重要景点，如天都峰、莲花峰、鹭鸶门、莲蕊峰、清凉台、始信峰、光明顶，都有简单的速写。回到网师园，他们凭记忆和照片绘制粉本。"这次上黄山，张大千带了当时极为珍贵的三脚架坐式照相机和一架手动折叠式相机，一共拍了三百多张黄山作品。

1936年张大千、黄君璧、谢稚柳、徐悲鸿在黄山合影

《仿石溪山迎客图》1935 年

二上黄山，张大千拍摄了许多黄山风景，其中的一幅《黄山蓬莱三岛》摄影作品在比利时万国博览会上获"摄影金奖"，刷新了中国摄影作品获国际金奖的记录。同时另一幅摄影作品《黄山云海》在巴黎国际影展获得大奖。回沪后张大千再办"张大千黄山写生画展"，同时展出黄山摄影 50 多幅。关于张大千黄山写生，台湾作家高阳在《梅丘生死摩耶梦》一书中有过记述：张大千曾三登黄山绝顶，师法石涛以名山作画稿之法，黄山的丘壑对张大千所作山水的影响，或者说益处极大，但如无郎静山同游，所获就不会太多……郎静山在《怀念大千先生》一文中，提到张善孖带回黄山的照片，"与我讨论"，自是讨论画山水的构图，而非讨论照片的集锦。张大千仿制石涛，常有化简为繁，或化繁为简的手法，移此幅之城楼，补另幅之云山，或者缩短两岸的距离，突出人物的形象等，亦可说是一种"集锦"。

二上黄山之后，张大千画作中常钤有"两到黄山绝顶人"印章，黄山写生渐为世人所知。著名画家刘海粟也喜欢画黄山。这位 20 世纪初积极倡导西画进入中国的艺术家，曾在他所属上海美专开设女人体模特课，当时震动社会。两位同时代画家，年龄相差无几，情怀均寄黄山。巧的是两位大师都在晚年创立泼墨泼彩，孰先孰后，据专家介绍说张大千更早一些。

20 世纪 80 年代，黄山成为画界、摄影界热衷追捧的写生拍摄之地。画家、摄影家蜂拥而至，对此，张大千自信地说："黄山写生是我开始的。"不过，张大千也是受曾、李二师影响，曾、李二师又受石涛影响。清康熙五年（1666 年），石涛在安徽宣城住了 15 年，每年登临黄山，乐此不疲。在当时"舟车闭塞"的原始山林中，石涛等把"天造的仙境"绘成纸上丹青，传播民间，对当时的画坛和后来的山水画都产生了积极而深刻的影响。石涛、梅清、弘仁等被称作"黄山派"。"石涛得黄山之灵，梅清得黄山之形，弘仁得黄山之质"，在当时已成佳话。

张大千曾有回忆："曾、李二师又以石涛、渐江皆往来于黄山数年，所学诸胜，并得兹生性情，因命予往游。三度裹粮得究松石之奇谲，烟云之幻变。两师奖誉不已，于时大江南北竟以黄山派呼予。名摄影家郎静山先生，与予兄弟皆为黄社，畅游黄山，一时入社者至百有余人。许静仕、吴礼卿两公复拉予辈共组黄山建设委员会。"这段文字是张大千古稀之年的回忆，实际上李瑞清于 1920 年去世，不可能目睹张大千这个学生的黄山之行。

# 悲鸿与大千

1932 年 1 月 28 日，日军进攻上海闸北，驻沪 19 路军积极抗战，被称为"淞沪抗战""一·二八"事变。那些日子，国内时局紧张，张大千无心作画，每天关注时局变化。4 月中旬，黄宾虹女弟子顾飞代表黄宾虹邀请张善孖、张大千去上海浦东顾氏桃花源写生。回来后，得知挚友谢玉岑妻子去世，为安慰好友，张大千画了一幅《天长地久图》。"秋英会"之后，张大千和谢玉岑交往频密，讨论诗词歌赋，张大千许多画稿都有谢玉岑诗作字迹，谢玉岑写了不少赞誉张大千的诗歌，张大千也先后为谢玉岑画过一百多幅荷花。1935 年，谢玉岑英年早逝，年仅 37 岁。弥留之际，他嘱托张大千照顾其弟谢稚柳及儿子谢伯子。张

张大千

徐悲鸿

大千履行了这一托付，并对谢稚柳关照有加，曾不惜将自己珍藏名画借谢稚柳临摹、存赏多年；对谢伯子悉心指导画画，多次送画。抗战期间，得悉谢家困难，张大千寄赠 500 元以示关怀。张大千一生交友无数，获得朋友支持帮助不少，他对朋友也是仗义疏财，有情有义。

1937年，叶浅予去北平办事，顺便去颐和园听鹂馆看望张大千，张大千请叶浅予吃饭，会友，逛琉璃厂。在画店观赏画作时，张大千买下一幅送给叶浅予，叶浅予很受感动。张大千儿女们说："他对朋友、外人非常好，但对家人弟子非常严厉。"张枭说："那时我十来岁了，见了他还是毕恭毕敬，很害怕的。何海霞抽烟，当着他的面不敢抽的。他烟酒都不沾，他不沾，别人就不能沾，包括那些弟子们，那么大了，尤其是小伙子，都是二三十岁，那真是要玩儿要抽个烟弄个什么，都是偷着来的，住到庙里头，都跑到一边去偷着抽。他闻到你的烟味了，他装作不知道。但是都不敢当着他的面抽。"

赠谢玉岑《天长地久图》

张大千和徐悲鸿相识于1929年南京举办的首届全国画展上，双方一见钦慕，互为敬重。1935年4月，徐悲鸿带领学生赴北平参观写生，其间，特意画一幅《张大千三十四岁画像》，返回南京后送给张大千。画中的张大千，身着棉袍，黑髯垂胸，立于画案边，案上放着笔墨纸砚。画中题诗："其画若冰雪，其髯独森严。横笔行天下，奇哉张大千。"落款处写下："大千道兄三十四岁像，悲鸿写于燕京。"张大千非常兴奋，请来众友观赏，谢玉岑、郑曼青分别在画上题下诗句。

徐悲鸿和张大千的关系很奇特，一个在"体制内"大学任教，一个闲云野鹤，远离社会。从艺术风格上讲，两

徐悲鸿《愚公移山》1940年

人各持理想，观念意识不尽相同。徐悲鸿关怀社会，忧国忧民。1931年9月18日，"九·一八"事变之后，日军侵华气焰嚣张，民族危亡之时，徐悲鸿创作《九方皋》一画，以期望国家胸怀宽广，招纳人才。不仅如此，1940年，徐悲鸿又创作《傒我后》，以及后来的《愚公移山》等，可见徐悲鸿的一生始终贯穿的是一颗爱国报国之心。张大千闲云野鹤，人物画作多是古代高士、仕女，优雅风情，全然不与当下社会你来我往。徐悲鸿年长张大千四岁，曾留学日本、法国，在法国学习期间，结识柯罗弟子、艺术大师达仰。受达仰"勿慕时尚，毋甘小就"影响，徐悲鸿苦练写实造型技艺。回国后他主张改良中国画，注重素描训练，提倡师法造化，反对因循守旧。而张大千走的是传统路子，师古人，师自然，忘而无忧。就在徐悲鸿创作《傒我后》之后几年，1945年，张大千创作了《文会图》，画中古代文人雅士团坐一起，清闲交流，画作笔法精湛，人物栩栩如生。有谁能够想象，这般闲适恬静的画作竟是在日本侵华的炮火声中完成的，是因为张大千憎恶战争，以超尘极静之心表达内心的寄望吗？当然，超然远逸的张大千也为后人留下话柄，遭人诟病。台湾学者何怀硕说："大艺术家的画不必刻意表现'爱国'，但张大千自处于近代中国的苦难，飘然远引，他的画没有表达一点时代精神，这是古今举世中外大文豪与大艺

百年巨匠
张大千
Century
Masters
Zhang
Daqian

术家所不可能的事。想想屈原、杜甫、陀思妥耶夫斯基与海明威，张大千的艺术于时代感应是麻木的。"如果把绘画放在时代的背景下，张大千似乎显得飘然远引，将他放在一个历史的大进程中，又显出他为艺术鞠躬尽瘁的精神。人类世界的关系玄奥无穷，其间的秘密难以厘清。

林木教授说："徐悲鸿跟张大千的那种关系比较有趣，照理说，徐悲鸿一个从法国留学回来的人，而且已经是画坛领袖，都是人家捧他的，如果张大千是五百年来第一人的话，那么徐悲鸿不就是第二了嘛。他们俩的一个艺术观念非常近，就是他们都不太看得起文人画，这一点一般的人还不太了解，张大千本身从文人画起家的，他居然不太看得起文人画。原因就在于文人画本身属于一个业余系统，那里边崇尚的是逸笔草草，不求形似。而张大千的天性来讲，他是强调造型的，他要求形似，不仅要求形似，他还要画复杂的画，画大画。"

徐悲鸿的眼力之高，绘画能力之强也不是一般人能够企及，可是对于张大千却很是看重，就其闲云野鹤、不问政治的生活态度也是能够充分理解，或者说是欣赏。人都有多面性，也许徐悲鸿也羡慕张大千的生活，毕竟都是画画之人，具有独立创作的人格。这个世界上，人与人的友情其实很生活化。20世纪20年代，中国文学也曾有各种流派，鸳鸯蝴蝶派、九叶诗派、新月诗派、中国左翼作家联盟等，文学观点不尽相同，但却不因此相互排斥、相互打压，私下里也是相处和睦，互通有无。假若套用政治的眼光，或许会对当时的文化生态一叶障目，失之偏颇。徐悲鸿曾邀请张大千为南京中央大学美术系讲课，目的明确，就是为了振兴中华美术事业。那次邀请是在1936年1月，徐悲鸿和校长罗家伦专赴网师园，表达了聘请张大千的愿望。据说张大千极力推辞，认为自己只能画画，不会当老师，在罗家伦、徐悲鸿反复劝说下，张大千答应下来，并提出三个要求：第一要坐着讲课；第二给他一间房子，里面摆张大画桌，再加一张可以躺卧的睡椅，因为他有个毛病，画疲倦了就想睡；第三他的课不拘形式，同学们到他的画室来上课，他是边画边讲。三个要求徐悲鸿一一答应，可见徐悲鸿求贤若渴之心。在南京中央大学教课不长时间，张大千不胜烦闷，不辞而别。张大千这一超常之举，徐悲鸿并未指责，相反关系更好。1936 年 4 月 28 日，在南京中华路青年会举办的"张大千新作展"上，徐悲鸿写下《中国今日之名画家》一文发表在《中央日报》上，徐悲鸿是这样评赞张大千的："大千潇洒，富于才思，未尝见其怒骂，但嬉笑已成文章……近作花鸟，多系写生，神韵秀丽，欲与宋人争席……"随后，徐悲鸿又为张大千在上海书局出版的《张大千画集》作序。以上作为，皆反映徐悲鸿对张大千由衷的欣赏和爱慕。1942 年秋，徐悲鸿从印度、新加坡等国回来后，在四川磐西筹建中国美术学院，再次向张大千发出邀请，聘其为该校研究员，同时在聘的还有高剑父。

1946 年 8 月，中国美术学院迁往北平，院址就在北平艺专，徐悲鸿担任院长并兼任艺专校长。徐悲鸿不计前嫌，仍然聘请张大千担任名誉教授，为办好学校，将美院校区扩大，还特意请张大千画了一幅荷花，自己画一幅奔马，送给时任北平行辕主任的李宗仁。李宗仁极为高兴，拨下一片宽大的校区，也就是后来的中央美院校址。当时，徐悲鸿身边画画高手云集，单单请了张大千，原因一是张大千名声响亮，第二应该是个人友情。张、徐二人关系如此之好，原因大概还有个性互补，一种相互吸引的愉悦。徐悲鸿个性文静坚定，张大千坚韧飘逸；徐悲鸿内敛，张大千开朗；徐悲鸿敬业热忱，张大千豪侠自由。两人都是极为聪明之人，各知对方所藏的精神力量和艺术作为，张大千曾夸赞："徐悲鸿的马很绝，我学不到这一手。"张、徐二人都

百年巨匠
Century
Masters
张大千
Zhang
Daqian

《八十七神仙卷》（白描）（局部）唐代

喜收藏，常在一起交流收藏心得，互换画作，亦都不惜重金购买古代名画，徐悲鸿曾于香港花一万元在德籍女人手中收得《八十七神仙卷》，盖上"悲鸿生命"，后不幸流失，之后失而复得。高兴万分的徐悲鸿请来张大千还有谢稚柳，在重新装裱后的画作上题写诗句。

　　徐悲鸿是否说过"五百年来一大千"，这也是许多人的疑问，因为没有文字记载。傅申先生认为："这是朋友间的推崇，这个五百年实在太广了。而且我去寻找这一幅画的出处，在文字上找不到。徐悲鸿有一天去到张大千的画册前面，好像就是1935年的时候，没有这一句话，但是这一句话，曾经在某一个场合，徐悲鸿是讲过，但是没有落到文字上，倒不至于讲张大千自己杜撰出来的。后来大家都说，徐悲鸿说他是五百年来第一人，五百年太广了，他当然是非常了不起的画家，看你怎么评断了。"央视"百年巨匠"摄制组采访徐悲鸿夫人廖静文时，她倒是说："悲鸿曾经讲过，张大千是五百年来第一人。"

《文会图》1944 年

百年巨匠

Century
Masters

张大千

Zhang
Daqian

　　对于张大千的绘画，徐悲鸿也不是一味赞同。张大千喜欢水陆道场画，在北平大风堂讲课时，张大千常派弟子去琉璃厂买几幅用作教学。孙云生说："老师过一段时间，派我们去琉璃厂买两幅水陆画，然后让我们临摹学习。"对此做法，徐悲鸿就不赞同，尤其是张大千远赴敦煌临摹壁画，徐悲鸿更是表示了不同意见。据林木讲："徐悲鸿当时说那个水路道场画有什么价值？那里边最有价值的不过是那些个供养人，就是出钱造窟的那些人。"对于徐悲鸿不赞成张大千临摹敦煌壁画，林木也表达了自己的观点，他说："徐悲鸿的观念是随科学的，他是素描加线条这种观念，那么对宗教迷信式的东西他有一些排斥，所以从某种角度说，很多人不理解那是很正常的。但是经过张大千这么孜孜不倦的，近三年时间的这种辛苦临摹、传播、宣传，敦煌逐渐地就被国人所接受，所以这也是张大千功莫大焉之处。"

　　近年来，有人对徐悲鸿提出批评，认为其教学专横固执，学霸作风，这也是后来人的偏见。纵观徐悲鸿一生，可以看出其孜孜不倦的工作作风，所恨所恼也是内心理想驱使。徐悲鸿曾帮助傅抱石赴日留学，不计烦琐找到当时江西省主席熊式辉为傅说情，并画《奔马图》相送，挣得 1500 大洋的留学经费。其时二人也是初次相识，当时，徐悲鸿已是身份很高的画界领袖，而傅抱石只是江西一个中学的普通教员，如无对中国美术事业的责任感和远大理想支撑，徐悲鸿大概不会有如此举动。徐悲鸿曾力排众议，邀请身居民间的齐白石担任北平艺专客座教授，可见其为中国美术教育事业的热心。而其推崇的写实绘画，对中国未来的美术事业也具有开创之功，就凭徐悲鸿自身扎实的写实功力和巨幅创作，在当时特定的年代，也无愧为一代绘画大师和美术教育家的称号。徐悲鸿的好友张大千，亦随着时代发展，时过境迁，政治风潮之后，被当下社会的人们更为敬重。2011 年，他的一幅泼墨泼彩《爱痕湖》，在当年嘉德拍卖会上以 1.80 亿人民币创下历史高峰，超过一直领跑世界绘画拍卖行界的冠军毕加索。金钱不能代表艺术创作本身的价值，但从一个侧面反映出社会对于大师的认识和喜欢。徐悲鸿和张大千都是 20 世纪最有代表性的画家，他们身上所折射出的精神风采，正是 20 世纪中国绘画的缩影。对艺术可以持有不同见解，但艺术家却可以成为朋友，因为他们有个共同的地方，就是持之以恒，抱着极大的热情，为理想奋斗不止。多年后，身居美国的张大千得知徐悲鸿去世的消息，黯然神伤，借画抒怀，将二人的友情趣事画了出来。

# 寄居网师园

1933 年初，张大千和二哥张善孖移居网师园。网师园在苏州，是我国现存古代著名园林之一，原为南宋史正志万卷堂故址，当时又称鱼隐园，荒废后，乾隆年间，由宋宗元重建，借"鱼隐"原意，自比鱼人，改名为网师园。网师园数易其主，民国后被奉系军阀张作霖买下送给川人张锡銮养老，张锡銮之子张师黄与叶恭绰交好，故将该园之余屋让给叶恭绰居住。叶恭绰是叶公超的叔父。1929 年，在南京举办的全国画展上，张大千被聘为美展干事，与叶恭绰相识。叶恭绰对张师黄说，不妨也请张家兄弟来网师园居住。于是，张氏二兄弟住进网师园。叶恭绰住后院，张大千和张善孖住在前院。随着交往渐深，张大千和叶恭绰成为无话不说的好友，饭前饭后，散步于网师园中。叶恭绰十分喜欢张大千的绘画，尤其对张大千的人物画充满期待。叶恭绰为人平和，且有侠义之气，虽自视绘画、书法为余事，却能情融于书，诗融于画，多才多艺，是我国一代著名的教育家。叶恭绰曾先后任过北洋政府的交通总长、孙中山大本营财政部长，但他为人清正，不喜政务活动，40 岁以后，弃政从文，专心从事文化教育工作。叶恭绰闲来也画几笔，尤其画竹拿手。在网师园，叶恭绰鼓励张大千在人物画上下功夫，祝他超过古人，独立当世。对于叶恭绰的鼓励，张大千感怀不忘。晚年，他在为《叶遐庵书先生画集序》中说得清楚："先生因谓予曰：'人物画一脉自吴道玄、李公麟之后已成绝响，仇实父失之软媚，陈老莲失之诡谲，有清三百年，更无一人矣。'力劝予弃山水花竹，专精人物，振此颓风；阙后西去流沙，寝馈于莫高，榆林两石室近三年，临摹魏、隋、唐、宋壁画几三百帧，皆先生启之也。"

叶恭绰还建议张大千去敦煌，临摹莫高窟壁画。那段时间，叶恭绰犹如耐心的老大哥，时常提醒张大千的绘画技艺再进一步。他还说过："我劝你应该把黄河走完，看看中原的伟大，那些地方一定会有许多建筑，不管你是坐车，骑马还是走路，都一定要沿着黄河走一趟，有困难我们这些朋友会帮你。你不要认为在绘画上古人是英雄，我们就不是。只要你肯用功，你就是英雄，并不是只有天生的异人才能当英雄，你也可以做。并且，我相信你的才华不可限量，将来必有超越古人的那一天。"张大千很受鼓舞，同时在内心积下豪情壮志，艺术的视角变得更加开阔。一生中，张大千身边不乏热心关怀他的朋友，无论是达官贵人，还是名人雅士都和他相处融洽、交往开心。

在网师园，张善孖养了一只小老虎，张大千称之为"虎儿"。张大千曾写过一篇记述"虎儿"的散文，文笔生动，诙谐有趣，读之若身临其境。"虎儿"是张善孖的一位朋友郝梦龄军长送给他的，郝驻兵贵州时，山下捉得两只幼虎，因带兵打仗不方便，加之一只中途死掉，剩下一只转送张善孖。张善孖喜欢画虎，且早年养过虎，有人送虎自然高兴，便去贵州将老虎接回苏州。 张

20 世纪 30 年代张善孖在网师园

百年巨匠
张大千
Zhang
Daqian
Century
Masters

与好友赴雁荡山游历

心廉说:"张善孖亲自到汉口把这只幼虎接回去的。当时还是这个军阀派了一个排的军士,派船把它直接送到上海。上海张善孖有关系,在火车后面专门挂一节车厢跟前面隔断,他带这只老虎从上海到松江,再从松江转车到苏州,就这样子把这只小虎仔从小老虎养大的。"张正庸说:"张善孖画老虎,他是在家里养着虎呀!养着小老虎,养着大藏獒,养狗,养猴子。"

"虎儿"住在网师园,和邻里人家相处和谐,院内从不挂链上锁,"虎儿"也是自觉自律,从不越雷池一步,每次随主人送客人到大门门口,便驻足不出。"虎儿"渐渐长大成为一只成年大虎,气势威猛。张大千儿子张枭回忆说:"到现在我还记得,那时候他(张善孖)抱着我骑老虎。他很严,对我父亲也很严,可是对我父亲画画很关照……"为了让"虎儿"获得善缘,一天,张善孖带"虎儿"去苏州城内报恩寺,拜见年届古稀的印光法师,以期"虎儿"受戒得佛。据说印光法师在"烟香"缭绕中讲经说法两个多小时,"虎儿"竟未曾一动,也未出一声,甚是神奇。后来张善孖和张大千云游别处，将"虎儿"托付弟子照料，适逢日军飞机轰炸，弟子放下几十斤牛肉，去郊外躲避，几天后返城，"虎儿"已饿死。张善孖爱虎画虎，绰号"虎痴"，在国内名闻遐迩。张大千一次酒后兴起，耐不住也画一幅"虎画"，不想流传社会，一时"大千虎"蜚声上海，张大千很是懊悔，觉着抢了二哥的"路子"，发誓今后再不画虎。直至二哥去世多年后，他才画过极少几幅虎，也是受人之请。张大千、张善孖在苏州网师园一共居住5年，直至抗日战争全面爆发才离开。1933年，张大千与二哥张善孖赴长沙旅游，同年北上北平。其间与黄君璧、谢稚柳、方介堪、于非闇同游峨眉、剑阁等地，赴罗浮山写生作画。次年，张大千的一幅作品《金荷》参加徐悲鸿组织的"中国近代绘画展"赴欧洲展出，《金荷》被法国政府收藏。这是张大千的画作第一次在欧洲展出。1934年，受南洋"万金油大王"胡文虎、胡文豹兄弟邀请，张善孖赴南洋举办画展。张大千翩然北上，到北平举办画展。

# 仿画高手

百年巨匠
张大千
Century
Masters
Zhang
Daqian

1934 年，张大千来到北平，在石驸马胡同租了一套住宅，画画、交友、逛琉璃厂。20 世纪之初，北平、上海为两大文化中心城市，各路精英多在此两地奔走。张大千对北平并不陌生，1924 年，张善孖调北平总统府任咨议，张大千陪二哥去北平赴任，闲时与二哥在北平走街串巷，观景游逛。在琉璃厂，张大千结识了北平画家汪慎生。汪慎生，安徽歙县人，先后任私立京华美术专科学校和辅仁大学美术系教授。二人时在一起探讨画艺，张大千仿金农、石涛、八大、渐江笔法画扇面四帧送与汪慎生，同时仿照金冬心笔法作了一幅扇面墨竹相送，扇面题字仿冬心笔体："风约约，雨修修，竹枝竹枝湘女愁。冬心先生。"50 年后，画作不知怎地流落日本，被 20 世纪 70 年代末旅居日本的黄天才先生收得，黄天才来到台北找到张大千，请其鉴定。面对旧作，张大千感慨万千，在仿冬心扇面上题下一段话语："此予年二十六岁，初入故都，在汪慎生家。汪顾工新罗花鸟，而酷嗜予所为石涛、八大、渐江诸作，尤喜予为冬心书，因出便面，督予为之。当时以为乱真，今日对之，不觉汗濡重棉也！六十七年（1978 年）戊戌，元月十一日，台北大寒。大千居士爰。""光景不待人，须臾发成丝"，时年张大千已是古稀之岁。

1935 年，张大千再赴北平，住汪慎生家。汪慎生将张大千介绍给中国画学研究会会长周肇祥。周是浙江绍兴人，画兰幽雅，也热心提携年轻人，一来二往，张大千与周肇祥相熟。当时，北平画家陈半丁收得一本石涛册页，极为高兴，向北平画界放出风来："本人不敢私藏，请各位寒舍一观。"陈半丁比张大千大 20 多岁，也是北派著名代表画家，以画花卉最为知名，在当时画界闻名遐迩。德高望重的陈老先生邀请，大家欣然前往。关于这次观画，有人说是在陈半丁家里，也有人说是在一次文人雅集会上。张大千听说此事，央求周肇祥带自己去观览。去观画的还有北平画家于非闇、徐燕荪、马晋、寿石工等。众人齐聚，陈老先生将画册缓缓取出，众人涌前观看，初来乍到的张大千被挤在后边，看见画册后，张大千如梦方醒地吃了一惊，以为是什么珍藏好物，原来是自己所仿石涛册页。据说当时北平画家心高气傲，没有把年轻的张大千放在眼里，这激起张大千的好胜之心，便说了一句："是这个册子啊！不用看了，我晓得！"一时满座皆惊。陈半丁被这个年轻人的狂妄急躁弄得很生气，于是他也学着张大千的四川口音说："你晓得，你晓得啥子嘛？"陈半丁想：我画册还未全打开，你怎么晓得？接下来，陈半丁和张大千核对册页，随着张大千报出的印章、跋语、荷花、鱼石等准确无误时，陈半丁这才着起急来，手也开始抖动，眼镜也滑落在地上，当时的气氛可想而知。张大千渐觉尴尬，一时愣在一边，进退不是。于非闇走过来，悄悄使一眼色，拉着张大千离开。

　　"陈半丁被骗"，成为一时巷议谈资。众所周知，张大千一生仿画无数，流传甚广，成为他的诟疾。如今，大师驾鹤西去，留下许多"仿古"悬案。许多"古画"流散世界各地，造成世界文物市场的混乱，所知的也仅是华盛顿佛利尔美术馆收藏的《宋人吴中三隐》、纽约大都会博物馆收藏的《石涛山水》和《梅清山水》、伦敦大英博物馆收藏的《巨然茂林叠嶂图》、台北故宫博物院收藏的《二十一观音》《罗释迦牟尼造像》等。张大千仿制的古画到底流散多少，至今

百年巨匠
张大千
Century
Masters
Zhang
Daqian

也是一个谜。前几年，在美国召开的一次辨别五代董源名迹《溪岸图》的研讨会上，在场的一些中国"专家"仍然心有余悸，担心画作为张大千仿造。1960年，张大千去美国哈佛大学图书馆中国馆参观，惊讶地发现自己的一幅仿清代册页，竟被该馆当作真迹收藏，他笑着指出来，并送该馆一幅新作。

张大千临仿古画天分极高，在日本学习时，便显现临摹古画的本领，所临古画惟妙惟肖，被当时的人误认为是中国古代名家手笔。20岁后，张大千仿古画更加老练，在李瑞清之弟、被张大千称为"三老师"的李筠庵那里，学得古画做旧方法，仿制的古画更是天衣无缝、瞒天过海，甚至连他的老师曾熙也看不出真伪，黄宾虹、徐悲鸿等一些大家更是看走了眼。那时黄宾虹和张大千同住上海法租界西门西成里169号的一幢宅寓，黄宾虹住楼上，谢玉岑寓居隔壁，张大千住在楼下。黄宾虹当时在上海担任神州国光社编辑，手头藏有石涛画作，张大千之前借过，后来再借，黄宾虹不借给他了，一气之下，张大千仿了一幅石涛假画和黄宾虹交换，黄宾虹竟然眼花同意交换。事情过后，张大千拿仿作石涛图章到黄宾虹住处说明真相。当时的张大千不过20岁出头，黄宾虹已有50来岁。能够瞒过经验老到的黄宾虹，张大千可谓信心满满，仿画热情日益高涨，先后仿作了不少古画。南宋梁楷的《双猿图》，此仿画曾经瞒过绘画大家吴湖帆的眼睛，而仿制八大的《花卉图》四条屏竟然骗过上海"地皮大王"、收藏家程霖生的眼睛，程霖生花六千大洋将这幅高一丈二尺、阔一尺余的假画买进。张大千曾得意地私下里与朋友说："程霖生收藏的100幅石涛的画，十之七八是我仿的。"张大千仿制的石涛画作不在少数。20世纪上半叶，日本最权威的绘画书籍《南画大成》所刊录石涛的《山水图》也是张大千与其弟子何海霞一起仿造的。当时上海风传有个"石涛专家",说的正是张大千。大风堂弟子孙云生说:"那时,他自制了一个小灯桌,桌面是一块玻璃板,仿制古画便是在玻璃板上完成。"

张大千仿画为何能够瞒过众多高人眼睛,巴东先生这样认为:"张大千仿石涛是这样,他年轻的时候,是有天分跟才气的,因此他在很早的时候就可以掌握到石涛的一种笔墨,创作的一种精神跟表现的内涵,他有这个能力。那么比较起来的话,一般人去模仿石涛或者学习一个古人的时候,经常是从他的形式技法来着手。可是张大千很聪明,他是从一种感觉跟气韵来着手。假如我们仔细把当年张大千所仿造的石涛,跟石涛真正的作品来比较的话,那么张大千的东西会比较嫩一点,会有清新秀气的感觉。那石涛的东西呢,他的笔墨厚度会比较强,这个当然是一个功力的累积了,所以你其实是可以看到这个差别的。可是对那些老行家、老画家来讲,他们也可能看到那个气韵、那个感觉是对的,那对像黄宾虹这样的老先生来讲,他们当然笔墨跟功力都很够,可是一看到这个气质,那一刻就被那一点打动了。"

黄宾虹作为一代画界高人,有着丰富的鉴画经验。上次"失足"在所难免,老虎也会打盹,骏马也会偶失前蹄。那些日子,张大千受曾、李二师影响,常去上海城隍庙搜寻古字古画。一天,他购得一幅石涛画作,兴奋地找到黄宾虹分享快乐,却被黄宾虹一眼识破,黄宾虹说:"画是假的,石涛是明末清初人,那个时候作画没有赭石,这幅画用赭石染山石,显然不对,况且用纸是道光年间的,如今明代的纸市面上根本买不到。"并为张大千推荐两本书,一本是汤厚的《古今画鉴》,一本是安岐的《墨缘汇观》,两本书对我国历代名画的纸绢、题识、印记等都做了精要的分析、解读。张大千是个有心人,点滴间的知识他都及时收纳,这对他仿制古画,甚至创作绘画都有很大帮助。

20 世纪 30 年代，国民党元老、深为蒋介石赏识的张群到上海担任市长。此前张群听说上海有个"石涛专家"，便派秘书函购两幅。张群酷爱石涛画作，购买仿画是想和家中石涛珍藏对照玩赏。张大千仿制了两幅，一幅石涛山水，一幅仿金农的扇面山水。张群来到上海后，张大千便在张群秘书引荐下结识了张群，张大千亲切地唤张群为"乡长"。张群也是四川人，两人常在一起谈石涛、品石涛，渐渐相熟。张群对张大千非常好，视若亲兄弟，关怀有加，曾给张大千帮过不少忙。二人因"假画"结缘。因假画结缘的还有红颜知己李秋君、名震一方的张学良。张学良酷爱石涛，收藏石涛画作不在少数，后来才知道，大部分是张大千仿作。20 世纪 30 年代初，张学良在东北易帜，奉军少帅调至北平，出任国民军海陆空三军副司令。翌年，恰逢张大千北游故都，寄居长安客栈，于是有了张大千赴张学良"鸿门宴"之趣事。张大千造假在先，有把柄握在张学良手里，周围的人都为张大千捏了把汗，怕张学良算石涛假画这笔旧账，劝他不要去赴宴，但是张大千还是去了。他嘱告家人，若逾时不归，便托人打听关照。那次宴会，张学良大人大量，并未追究，只是想见见这位绘画奇才。于是，中国现代史上，两位身世经历、禀赋才能俱不相同的文武奇才，结下深厚友谊。

张大千从仿摹石涛、八大开始，渐次扩展到海派画家任伯年、吴昌硕以及清代画家张凤，明代画家唐寅、陈淳、徐渭及至宋元等画家，仿画技艺和绘画同时进步。张大千聪明好学，也争强好胜。据傅申先生讲："高剑父比他前一辈，已经很有名了，他们时常在一起画画。有一次轮到张大千画画，张大千就仿造剑父的笔法来画。怎么画出来的，高剑父也觉得很惊讶，要落款了，张大千要写剑父的题款，学得很像，旁边高剑父就不知道什么感觉了。然后他再写，张爰大千模仿

《仿巨然江雨泊舟图》1949 年

高剑父，把那个'父'刊在里面。"

从以上例子看出，张大千对自己的仿摹技艺充满自信，同时也把仿画当作开心的游戏。有人说张大千性格中有"喜欢宣传自己，炒作自己，爱出风头，爱炫耀自己，自吹自擂"的一面。事物都是两面性，人无完人，在大师辉煌的艺术人生中，人性的弱点也在所难免。倘若后人对此忽略不计，就不能客观地认识世界，了解一位大师的全貌。

瑕不掩瑜。张大千对待艺术认真敬业，他在游戏和研究古人绘画经验中领受到古人绘画真髓，各朝各代很少有名家被他略过，就此一点，常人也是无有能及，这其实对应了中国绘画以临摹入手的学习路径。

傅申说："我为什么要研究张大千，一方面是想要了解他作的历代古画，一方面他的画就是一部中国的绘画史，所以对中国绘画史、古画不了解的话，对张大千就没有办法了解得透彻。同时，一看这张画，他是学某一个人，学哪一个时代。他非常丰富，没有一个画家画过这么多的临摹，他等于是一部绘画史，他是画家中的画家。"

张大千对于自己的仿画及在社会中的反应心知肚明。叶浅予讲过一个故事：1937年，叶浅予到北平看望张大千，张大千带他去当时的北平市长王克敏家，王克敏刚刚购得一幅石溪山水，挂在中堂，请来几位北平名家观赏。落座后，叶浅予正要上前观看，张大千悄悄拉住他，并拿眼色示意离开。出门后，张大千笑着说："这幅画是我仿的。"这是叶浅予晚年回顾张大千文章中的一段。叶浅予是张大千的好友，打倒"四人帮"后，第一个出来为张大千说话的就是叶浅予，被当时台湾报界称为"保张派"。

张大千制假贩假成为一个世纪的传奇。有人说张大千制贩假画是在年轻的时候，为了养家糊口，仿作了不少古画拿到市场去卖，骗过许多商贾大户。还有人说张大千敢于制假贩假，也敢于揭穿，恰恰反映其内心的敞亮和自信。因为仿制假画，一不小心，就会跌入泥潭深渊，开始恶性循环，处世蝇营狗苟，怕人说闲。而张大千潇洒大气、聪明智慧，使得原本上不了台面的事变得明明朗朗、嬉笑自在。一些专家还有这样的看法：张大千仿制古画是为了与古人比肩，争强好胜之为。曾任台北故宫博物院书画处处长的台湾学者王耀庭讲过这样一件事情，他说："张大千在旧金山的四十年回顾展上，对自己的画作一一点评：'我画得比唐寅、仇英还好'，'我这张画超越了宋人'。"王耀庭说书画史上自认能超越古人的只有张大千和董其昌。这也看出张大千内心的气度。还有专家也说道："张大千所仿制的古画都有记号，画商为了一己私利，将仿画混在市场出售。"为尊者讳也是国人的善意之举。时间就像一个过滤器，尘嚣之后，观物明晰。"张大千制假卖假也是事实，他大量地制假卖假确实为其人品抹上重重的一笔暗色，正直的人是无法接受的，说他不贩假也不符合张大千的全貌。张大千的造假，是由他的格性所决定的。但不管出于什么原因，张大千制造假画确实是为自己，以及为后世留下了不可抹去的劣证。"

# 长居北平

百年巨匠
Century
Masters
张大千
Zhang
Daqian

于非闇可谓张大千的"有缘人"。北平的一干朋友中，张大千和于非闇关系最密，二人常在一起下馆子、喝茶、听戏、去琉璃厂。于非闇时任《北平晨报》副刊编辑记者，手里掌握一块文化阵地，张大千在北平的艺事活动多是由于非闇热心操持。1934年，"苏州正社书画展"在中山公园水榭展出后，第二天，于非闇在《北平晨报》登出评论，文章标题是"画坛今日多才艺，谁似蜀人张大千"。文中说这次展览张大千作品最多，且"多为精品，各家不免为其所掩，使众读画者，咸有专看大千画之感 …… 其《杨妃醉酒》《天女散花》《美人》《天台观瀑》《炼丹台》《莲花峰》则为最佳"。苏州正社书画社是1932年秋，叶恭绰、张善孖、吴湖帆、张大千在苏州彭恭甫家发起组织的画社，在北平举办该展，就是向北方展示江南绘画的风格和成就。据说展览共计200多件作品，其中张大千的作品有40多件，并在展出后第三天全部售光。20世纪，报纸是新闻传播的重要手段，在晨报宣传下，张大千在北平声名鹊起，很快被大家熟悉。"苏州正社书画展"结束后，张大千和张善孖连夜赶赴华山，在华山待了近十天时间，写生画画，遍览山中名胜古寺，走时

张大千、徐操、于非闇等笔讼风波参加者合影于中南海

《天女散花》1935 年　　《莲花峰》1931 年　　　　　　　　　　　　　　　于非闇

请当地石匠刻下"蜀人张善孖、张大千来此一游"。张大千说过："一个艺术家必须要出名才行，但一个人要出名还不能在小地方出名，要在大地方出名；不能只在一个大地方出名，而是要到处出名。"

于非闇是自由书画家，任《北平晨报》文艺副刊主笔，以"非厂闲人"和"非闇漫墨"为笔名发表文章，是当时知名专栏作家，曾师从齐白石学山水篆刻，后专攻花鸟，从学清代陈洪绶入手，及至宋、元花鸟，写得一手好"瘦金体"。台湾作家高阳说："张大千在北平时常跟他合作，而且是日夕游宴的密友。张大千跟他交密的原因是，此人是北平一个典型的'玩家'，养鸽子、养蛐蛐、养金鱼、养各种小动物，能谈得头头是道；而且他还能写专栏文章，经常在《北平晨报》谈各种'杂艺'。张大千的兴趣广泛，正需要于非闇这样一个朋友。于非闇的这些知识，对张大千的艺事，有间接而重要的作用。"

张大千曾建议于非闇学宋人绘画，以花鸟入手。于非闇善于研究，不拘程式，创了自己的一些路子。傅申先生说："于非闇也有创造，他觉得传统的花鸟，背景都是白的，所以他上青绿，把石青涂满了，这又是一个创革。"那时张大千也受于非闇启发，涉足宋人着色花鸟。

1935 年，张大千在北平中山公园水榭再行举办"关洛纪游画展"。于非闇于《北平晨报》给予报道："朔风怒号，寒气砭骨，自无人涉足公园……之间水榭东西南北四室，黑压压挤满了观众，足见张大千号召力之大矣。"当时北平也仅有 30 万人口，可见观众之多。

"关洛纪游画展"展出不到两天，130 多件作品已挂牌"售出"字样，每幅画作最低标价四五十元，最高达 240 元。当时北平普通员工的收入每月数元至数十元，每块银圆可兑换铜钱 440 枚，坐人力车由东城到西城也不过 30 枚铜钱（不到一角钱），一顿十人大餐，四冷荤、四炒菜、四大碗，再加一大件也不过花两块银圆即可拿下。可见张大千画作售价不低。魏学峰先生说："实际上他到北京去的时候，他不假古人也有很多钱了，他不需要这样做。如果说他年轻的时候，假古画还有一点点经济上的目的，他那个时候已经不需要了，他就是要在北京制造一个传奇。"

为了和朋友们交往方便，张大千和张善孖又在府右街罗贤胡同 16 号买下一个四合院，院子不大，暂时落脚。这期间张大千除了交友聚会，还画了不少画作，并频繁在北平、天津等地举办多个画展。

在北平，张大千还与京剧大师梅兰芳、余叔岩、荀慧生、马连良交往甚好。20 世纪 20 年代，马连良在琉璃厂买了一幅张大千的画，张大千知道后，特意拜访马连良，双方成为朋友。1948 年底，二人香港见面，互摆宴席，叙旧谈新。1963 年，马连良以全国政协委员和北京京剧团团长身份在香港率团演出，正好张大千偕夫人徐雯波也来香港看牙医，在国民党特务监视下，二人匆匆见面，互道珍重。著名京

张大千和戏曲演员

剧老生、新谭派代表余叔岩和张大千关系也好，曾邀请张大千去自己家里住，考虑到作息习惯不同，张大千婉言谢绝。不过二人常去北平的一家饭馆春华楼吃饭，每次进去不用点菜，饭馆老板白永吉就端上两人喜欢吃的菜肴，可见二人聚餐频率之高。当时北平有"唱不过余叔岩，画不过张大千，吃不过白永吉"的说法。张大千喜欢京戏，晚年高兴，也会在家里扮上戏装唱上几曲。年轻时，上海学画期间，张大千见汪笑侬《刀劈三关》的广告，身上没有钱，不惜将新买的马甲押在当铺，换取两块银圆买票看戏。余叔岩弟子、著名京剧女演员孟小冬很敬重张大千，孟小冬曾和著名表演艺术家梅兰芳有过短暂婚史，之后成为上海大亨杜月笙的五姨太。据说为杜生过一女叫杜美娟。1951年杜月笙去世于香港，1967年9月，孟小冬由香港赴台定居，在台10年，深居简出，不接受电视广播访问，不录音也未演出。她最

孟小冬

后一次清唱是在香港给张大千唱的，"因为张大千喜欢听她的戏"。张大千和梅兰芳友情也很深，一次聚会，张大千对梅兰芳说："你是君子，我是小人。"梅兰芳一时愣住，不知以何作答。张大千笑着说："因为你是君子动口不动手呀，我是小人只是动手不动口。"场面一时欢快。这次，记者采访梅葆玖，他回忆说："多年的老友，一直不会忘怀，一直到我这一代，他还画了个《梅兰图》，这就说明老先生对我父亲艺术的爱好，他们共同对美的一种追求，从内心发出的一种同心感吧。他们绝不是偶尔见面的普通老朋友，这怀念，主要是在高层文化上的，有一个灵魂上的相通。这点是很难得的。"

张大千在《北平晨报》频频曝光后，名气在北方日重，内心也开始骄傲，甚至狂傲。一次画展，他题下这样诗句："狂名之说张三影，海外蜚传两石涛。老子腹中融有物，蚍蜉撼树笑尔曹。"诗句经于非闇刊载在《北平晨报》副刊上，遭到北平画坛甚至齐白石等人的强烈反对。其中徐操（字燕孙），更是愤怒不已，认为张大千在诗中特指自己，在众人推波助澜之下，徐操将张大千告上法庭。此事最后不了了之。徐操是北平画家，画艺娴熟，人物故事、古装仕女、工笔写意、白描重彩样样皆精。张、徐冲突之后，没过几天，二人又在中山公园联合举办"擂台画展"，都标价 300 银圆，其实私底下卖出的价格也就是 30 元。更为奇怪的是张、徐二人还有说有笑，手拉手双出双进，照张大千的说法："我们二人联手演了一出双簧。"

在北平张大千认识了后来的三夫人，京城名伶杨宛君。那次，张

大千在于非闇等几位画店老板陪同下，
到观音寺清音阁听京都曲艺，正巧杨宛
君在台上演唱《黛玉葬花》。17 岁的杨
宛君眉目清亮、唱声悦耳，张大千痴醉
入迷，眼睛直勾勾盯着台上的杨宛君，
被于非闇和几个老板发觉，偷笑起来。
于是，经过商议，决定成人之美，他们
派画商杨瑞林牵线搭桥。杨宛君在中山
公园看过张大千的画展，对张大千早有
仰慕，一桩好事很快确定。半年前，张

1935 年和杨宛君婚后赴日本照

大千看上一位叫作怀玉的姑娘，怀玉也是一位艺人，两人情投意合。
据说怀玉姑娘的手长得极为迷人，张大千画了不少怀玉的手，本想结
为连理，不想家人反对这门亲事，只好作罢。这次，张大千变得聪明
起来，他提前征得母亲、兄长同意，于 1935 年 12 月在北平东方饭店
与杨宛君完婚。婚礼场面极为隆重，名流好友聚集一堂，北平各报纷
纷报道婚礼盛况。婚礼之后，张大千偕杨宛君赴日本度蜜月，受到
日本事业部长冈部子爵的宴请。

　　婚后的杨宛君成为张大千的得力助手。北平沦陷后，她和张大
千一起度过了一段危险日子。1940 年，远赴荒凉大西北敦煌，杨宛君
一直陪伴张大千。1949 年，张大千离开大陆，临走时将所临敦煌壁画
178 幅交付杨宛君保管，并叮嘱如遇困难可以卖掉一部分，杨宛君说：
"我宁可饿死，也不卖画。"之后两人天各一方，再未见面。余下的日
子，杨宛君颠沛流离，面对各种困境，一直保存着珍贵画卷。晚年，
她征求张大千同意，将画作捐献国家。

　　1935 年，张大千偕杨宛君返回苏州网师园。此段时间，张大千作

《华山苍龙岭》1935年

《华山苍龙岭》等图，并在画中题识："百丈苍龙岭，垂天翼大云。明星怀玉女，大树老将军。不妨来痛哭，何以避尘氛。中岁夸腰脚，猿猱得旧群……须骑而行者，千仞一脊如蛇龙之骨。令人不敢左右视。岭尽为龙口即韩昌黎投书。"

1935年10月6日，张大千与夫人杨宛君、朋友严谷一等再游华山。在华山接到杨虎城将军电报，邀请他到西安小住时日，张大千欣然同意。杨虎城亲自开车到华山脚下迎接。来到西安，张大千受到热烈宴请，并与当地各界友人咏诗画画。老朋友张学良也找他索画。张大千画了一幅《华山山水图》送与张学良，据说张大千本来急于回北平，张学良说："你画好我用飞机送你回北平。"张大千只得留下。画完后，他试图借炉火将画烘干，却不小心将画点燃，连自己的胡子也烧着了，无奈连夜重新赶画一幅。一月后，张大千又画一幅仿石涛笔法的《黄山九龙瀑》送给张学良。

1935年，入冬时节，张大千受北平故宫博物院聘请，担任古物陈列所国画研究室导师，每周为研究员上课，并指导故宫研究院临摹故宫藏画。与此同时，他在北平招收大风堂弟子肖建初、何海霞、孙云生等人。风华正茂的肖建初刚从中央艺术大学毕业，听说故宫举办"国画研究学习班"，便积极考取。张大千很喜欢这位四川籍小老乡，主动邀请肖建初及研究班几个学员加入大风堂。后来，肖建初与张大千大女儿张心瑞结婚。大风堂为张善孖、张大千昆仲共用之名。1932年，张大千在一次寿宴时对客人说："我自幼崇拜明末清初的张风，母亲也酷爱其画技，他姓张，我也姓张，五百年前是一家。我和家兄议定，便将张风的字（大风）用来命名画室，以催自进。"大风堂前后招收弟子127人，在巴西时还招收了孙家勤等弟子。孙家勤说："因为我跟台老师（台静农）关系很好，他是台湾大学的文学院院长，另外还有张目寒张先生也是张老师知近的一个好友，他们算是把兄弟了。他们两个人专门来找我，说张老师现在在巴西定居，你现在是单身（我还没有结婚），所以你有没有意思到巴西去啊？我想能够接近张老师是我的一个幸运，所以我都没有考虑什么，马上辞职，然后就到巴西去。"

北平有个"转转会"，成员有溥心畬、于非闇、周肇祥、陈半丁、齐白石、陈宝琛、溥雪斋、傅增湘、俞陛云、徐鼐霖、成多禄等，大家

20世纪30年代大风堂弟子在故宫古物所留影

轮流坐庄，闲聊开心。1935 年，北平琉璃厂清秘阁书画店拟出版四大册《张大千画集》，"转转会"成员徐鼐霖在一次聚会时，请大家总结张大千成功之道，最后由徐鼐霖执笔写下序言："大千绘画之成功，固然因他生于四川，环境中山水奇险而雄壮，日相狎接，蕴在胸襟；又富于艺术之天纵才思，兼于不断用功，始有今日之成就。他的大风堂珍藏，有历代名画数百件得以纵览百家，不拘一格一体之派别，都下过一番苦功，尤尽得石涛、八大、石溪、渐江、大风、冬心、新罗各家之奥秘。融会贯通，撷取古人精华，去其糟粕。一笔一画，无不意在笔先，神与古会，用笔纵横。浑厚苍润之气韵，融合南北宗于一炉，自成蹊径，而达到神话之高峰。毫无一点拘率之迹象 …… 大千临摹古画之功夫，真是腕中有鬼，所临青藤、白阳、石涛、八大、石溪、老莲、冬心、新罗各家，确能乱真。尤其仿作石涛，最负盛名。"

张大千晚年在台湾，与张群、张学良夫妇、王新衡夫妇也常在一起举办"转转会"。

在北平居住期间，张大千常去跨车胡同拜访齐白石，请老人吃川菜，时年齐白石 72 岁。抗战胜利后，徐悲鸿在家设宴，邀请张大千和齐白石来家中做客，廖静文亲自下厨。席间，张大千和齐白石合作了一幅画，齐白石反串画荷花，张大千在荷叶上画虾。张大千把虾身画得多出两节，齐白石笑着指出来，张大千赶紧补上水草遮住多余虾身。

# 南张北溥

　　"南张北溥"之说源于一次聚会，在场人员有张大千、于非闇等一干朋友。大家兴致勃勃地谈着张大千的绘画，琉璃厂翠山房经理周殿侯突然提出"南张北溥"一说，他认为当下中国只有这两人画得最好。说者无心听者有意，于非闇将大家谈话归纳总结，发表于《北平晨报》，见报时间是 1935 年 5 月 22 日。在《南张北溥》一文里，于非闇这样写道："自有才艺的人们，他的个性特别强，所以表现他这特强的个性，除去他那特有的学问，艺术之外，他的面貌，乃至他的装束，都可以表现他那特强的个性。"文章中还写道："张八爷（张大千）是写状野逸的，溥二爷（溥心畬）是图绘华贵的，论入手，二爷高于八爷，论风流，八爷不必不如二爷。南张北溥，在晚近的画坛上，似乎比南陈北崔，南汤北戴还要高一点，八爷以为如何？"当时，还有一位"看楼云主"撰写一篇文章《网师园读画小记》评说：国内画

溥心畬　　　　　　溥心畬和溥仪　　　　　　方介堪

百年巨匠
Century
Masters
张大千
Zhang
Daqian

画好的人很多，以天分高功力深而论，应当首推张大千、溥心畬二人。"南张北溥"就此在全国声名大响。于非闇文中所提的"南陈北崔"是明末人物画家陈老莲（陈洪绶）和崔北海（子忠）；"南汤北戴"则指清代画家汤贻汾与戴熙（榆庵）。陈老莲是一位擅人物、花鸟，兼山水的画家，后人称其为"三百年无此笔墨"。陈老莲的艺术成就首先表现在版画上，他创版画无数，创作风格正好对应明末清初版画盛行的黄金时代，所创作的《九歌图》屈原形象极为生动，乃至跨越清代两个世纪亦无人超越。陈老莲还创作了《水浒叶子》，40 位栩栩如生的水浒人物，从宋江至徐宁，也给后来人建立了一种无以超越的传世形象。鲁迅曾力荐陈老莲版画，去世前也有计划将陈老莲版画结册出版。

"南张北溥"传遍京华乃至全国各界后，张大千说："若论绘画，北方首推溥心畬，南方则应首推吴湖帆，这二位的年事、艺术都比我高，我怎能够与他们相比！"当然，这也是客气之语。据专家介绍，张大千对周围人，无论年老年轻的，多是有礼有节、平易客气，但心里还是睥视群雄，极其自信。白石老人说："当时，我们都知道'南张北溥'，年轻人都很崇拜他们，他们名气特别大，我们都不敢接近。"

溥心畬与张大千相识于 1928 年秋冬时节，当时在陈三立老先生引荐下相识。他们再次见面是监察院任职的张目寒先生来京。张目寒曾为鲁迅学生，1925 年 8 月 30 日，在鲁迅居处商量成立未名社时，张目寒亦在场，但未入社，他坚持自己上小学时说过的话："我读书不求文学，专从政治。"张目寒，安徽人，虽非职业画家，却爱好绘画艺术。1932 年，张目寒与张大千于苏州相识，张目寒常去网师园看望张大千，结为好友。张目寒来京，溥心畬知道后，便邀其在老字号"春华楼"聚会。当时张大千和张善孖在京，和画家汪采白住在一起，溥心畬便一并邀请。据说大家见面很开心，饭桌上溥心畬讲了不少笑话。张大千来到北平后，嫌城里太热，在朋友建议下，花重金在颐和园听鹂馆租下一套房子。溥心畬也住颐和园，二人成为邻居。傅申先生说："那个时候，上海跟北京是一南一北两大文化中心，不管是哪一种艺术，唱京剧，唱什么，都要南北两个，都成名了才是全国一流，所以张大千光是在上海不够，他决心要到北京唱码头。他去拜访溥心畬。"

溥心畬是清道光宣宗皇帝曾孙，恭亲王奕䜣之孙，载滢贝勒的次子。北派画家中，溥心畬影响广大，是重要的画家之一。溥心畬幼年在恭王府度过，据说5岁时常被慈禧抱于膝头。1914年，溥心畬赴德留学，在柏林大学钻研天文和生物，前后8年，获双博士学位。辛亥革命后，他隐居北京西山戒台寺侍母奉孝，母亲去世后，迁居颐和园专事绘画。作为皇家后裔，溥心畬清高傲气，蒋夫人宋美龄曾有心跟他学画被他拒绝。纵观溥心畬的绘画，无论技法、形式还是意境都传达一种心之淡泊、鱼樵耕读、神趣向往的世界。他远承宋人，体察万物生机，画意空灵，有一种高雅洁净的人文特质，展现了与自然亲和相融的宇宙观。溥心畬一生作诗词无数，对自己的诗词创作极为看重，曾自评"诗第一，书次之，画又次之"。他说："我没有从师学过画，如果字写得好，诗作得好，作画并不难。"关于溥心畬和张大千，傅申先生说："他跟溥老师不一样。溥心畬先生画小画很精彩，他虽然是皇家贵族，但是他比较接近文人画。张大千先生走向世界，自己很有意识地要做一个大画家，所以各方面的题材都擅长，而且气度大，画很多大画。他就是画了荷花的屏风，高一丈二，那是在地上才能画的。"

在颐和园，张大千和溥心畬见面增多，时常相聚，赋诗论画，切磋画艺。据说，张大千喜欢溥心畬细丽雅健、风神俊朗、清新大气的

溥心畬《罗汉图》 张大千、溥心畬合作 张大千、溥心畬合作
《松下高士图》1934年 《对谈图》 1945年

北宗家法，二人彼此推崇、惺惺相惜，合作了不少作品，有人统计达
70余件。张大千1934年所作的《松下高士图》，就是二人即兴合作
完成。溥心畬的画风并无师承，全由拟悟古人书法名画以及书香诗文
孕育而成，加之出身皇室优势，大内许多珍藏自然多有观摩体悟。溥
心畬超然物外，画作多由个人化拟想成境，画意单纯澄澈、清冷收缩，
敷色古润，幽雅谨饬。张大千虽然超然远引，生活中布履长衫，多画
高士向往林泉，本质的画意却是入世之下的情结导引，丰富绚烂、清
丽雅健、温馨热烈。张溥二人个性气质截然不同，一个顾影自怜，一
个长袖善舞。溥心畬如何评价张大千，未见有文字记载，张大千对溥
心畬评价也不曾多见。专家说张大千很看不起文人画，二人合作如此
之多，是友情所致还是相互欣赏就不好说了。

在北平，张大千眼界大开。北平地理特殊，历史上曾有多民族融
合，加之战乱频仍，王朝更迭，民间画、宫廷画、文人画、少数民族
绘画以及后来传教士服务于宫廷的西洋绘画，构成北平特殊的文化
氛围。满族取代明朝建立清朝之后，政权扶持之下，北平画界更是人

90

才辈出，逐渐与江南海派、岭南画派形成三足鼎立之势。清政府倒台后，个别深宫藏画暗伏民间，流动于藏家之手。这些画作张大千是有机会观摩的。此前，张大千受清四僧山水、青藤白阳的花卉、明清织绣的仕女画风影响，取法于青绿山水鲜丽的设色风格，画风清新秀丽有余，雄厚苍浑尚有不足，张大千意识到应该蜕变求新，找到更加丰富的表现形式。张大千从不愿拘泥自己，就像他看到王蒙绵密杂实的笔墨，深为震撼，便用心临摹学习，虽一时未达古今化一之境界，但亦显现出他善学、求变纳新的精神。张大千深知要成为一个有作为的画家，决不能囿于一种画风，要不断丰富自己、强壮自己，就像他学石涛，也有意彰显自己的风格气质，即所谓的"劲爽方硬"之特点。我们知道，石涛虽求笔墨破化，表现山水蹊径、奇峰异石，求新变化仍是南宗"笔墨为先"的家法。张大千试图更上一层楼，他将学习目标投向元以前的王蒙、董源、巨然、郭熙等诸家，并开始主攻水墨与浅绛山水，其间也不失石涛、石溪风格笔法，相互杂糅，相互融合。林木先生说："他最初学石涛，受他老师影响，后来发现石涛学的是王蒙，他又追王蒙；再后来又发现是从董源来的，他又学董源，这就已经追了一千年了。"学古人，化己有，是张大千学画的成功路径，正所谓："穷追古人之迹，穷通古人之法，穷探古人之心。"（叶浅予语）

在颐和园，张大千和溥心畬你一笔墨，我一条线地作画交流，并在喝茶赋诗、闲余之间交流作画体会。常言道，功夫在身外，溥心畬对张大千绘画思想是否有过影响，或者张大千对溥心畬的绘画有过什么建议，我们无从可知，也不能瞎猜，但可以想象，出身皇族、心气高傲的溥心畬，不仅具有深厚的古典文化底子、西洋留学的背景，加之本人于绘画也处在跨行之间，没有那么多条条框框拘束，所谈定是语出惊人，蹊径独辟。张大千应该是有所体悟的。这期间，张大千画了一批

百年巨匠

张大千

Century
Masters
Zhang
Daqian

表现华山的山水画，其中几幅画作看得出草地表现借鉴了溥心畬的笔法，当然，山峦树木也有其他古法及化形的个人风格。将这些元素构成在画面的一体性中，这也是张大千善于学习吸纳他人优长的体现。

20世纪初，"北风向南"已有趋势，可谓一时风潮。正如艺评家汤哲明所言："自1910年至1940年，由北而南，从金城、溥儒、于非闇、陈少梅，到张大千、吴湖帆、谢稚柳、陆俨少，流风所向，无论过去曾师四王正统派还是四僧野逸派者，大多开始转师宋元，乃至追踪晋唐着色画传统，风气之烈，尤见壮观。"在此风潮的影响下，张大千亦将自己的学习兴趣转向高古名画，山水画风格又呈新意，青绿山水的画作增多了。

北京琉璃厂坐落在前门向南不远的地方，著名的荣宝斋至今藏有一幅张大千1936年所绘的《华山云海图》。该图长达4米多，用中国传统的青绿山水画法所作，而且是金碧青绿山水，所用的颜料都是传统矿物颜料，几百年后颜色依然鲜艳。这是张大千此间最为精彩的创作之一。青绿山水是中国古代传统山水画中的一种，几乎已经失传，从这幅创作可以看出：张大千在北派大家风格基础上，又融入自己对自然山水的真实体验，他揣摩古法，用石青、石绿、朱砂等矿物质颜料创作，恢复了这种传统技法。《华山云海图》仿佛为我们再造了一个古朴雅致的世界，而与南北宗的融合也是极为妙道。在此之前，他没有画过长卷。来到北平之后，张大千的创作劲头十足，这段时期被誉为张大千的创作高峰期，也是他学习南宗笔法之后新的风格突破的发展期。

在颐和园听鹂馆，张大千也常漫游昆明湖边，观花赏荷，感受荷花的风姿绰约。张大千喜欢荷花，也爱画荷花，他笔下的花鸟画中，荷花是他的最爱。他常说："赏荷、画荷，一辈子都不会厌倦。"他还

《华山云海图》1936 年

说:"中国画重在笔墨,画荷是用笔用墨的基本功。"早在四川家乡,张大千就常去公园赏花观荷,居住网师园时,他还亲手种植名荷"四面观音",20 世纪 40 年代在敦煌,张大千也曾试图种植荷花,却未成功。晚年寄居国外,每次搬家,他都不忘在园中种植各种荷花。张大千一生画荷无数,他画荷花一般先用浅红色组成花型,再用嫩黄画瓣内的莲蓬,跟着添荷叶和荷干,先用大笔沾淡花青扫出荷叶大体,等色干后,再用汁绿层层渲染,并在筋络的空间,留出一道小线。其画荷干,犹如写大篆一般,顿挫而有气势,具有亭亭玉立的风格。晚年独创的泼墨泼彩依然少不了荷花表现,就像一位专家所言:荷花寄托着他内心禅意的表白。

　　张大千说过，画画就是要"明白物理，观察物态，体会物情"。有时候，他会蹲在湖边，观察荷花茎叶纹理及枝干形态，这些观察学习让他随性自在、心明气畅，对他日后的创作大有帮助。听鹂馆日子清静，读书赏画甚是自在。张大千深知读书对于画家的成长极为重要，借居网师园时，他朝夕诵读，手不释卷，刻苦用功。张大千喜欢读书，即使车船旅途之中，他也潜心阅读，用心体会。一次，从成都到重庆，友人托他带一本费密的《荒书》。到家后，张大千即把路上看完的《荒书》内容，作者的见解、生平以及这位明末清初的四川学者和石涛的关系，如数家珍地娓娓道来，实在令人惊讶。张大千曾说："作画如欲脱俗气、洗浮气、除匠气，第一要读书，第二要多读书，第三要须有系统有选择地读书。"张大千读书的习惯一直保持到晚年，病逝前，他还在病榻上看书，如《庄子》《世纪》《酉阳杂俎》《水经注》《洛阳伽蓝记》《明皇杂录》《嘉话录》等。如他在《调鹦图》中题记："乙酉（1945年）七月，雨后清凉，偶阅《明皇杂录》，放笔为此，顷刻而就。"

　　居住听鹂馆期间，时有好友来拜望张大千。1936年，方介堪来北平，就住在听鹂馆张大千寓所，两人促膝谈心，交流书艺。方介堪是我国著名篆刻家，和张大千相识于1926年仲夏，方介堪拜访曾熙，求教书艺，和正在学习的张大千相识。方介堪是浙江永嘉人，比张大千小三岁，因篆刻出众，受聘于西泠印社。之后上海美专校长刘海粟又聘其教授篆刻，方介堪与同在美专任课的张大千关系更是密切，为张大千刻过不少印章。这次来北平，张大千、于非闇、方介堪三人联手，先后两次在北平中山公园举办金石书画联展，为灾区募捐。在此期间，张大千也会回罗贤胡同居所住上几天，主要为了见朋友或到琉璃厂收罗字画方便。

# 南北往来

1935 年，北平集粹山房出版《蜀中张善孖、张大千画册》，收集作品多是张氏兄弟以石涛画法绘制的黄山风景，如《黄山百步云梯卷》《黄山师林精舍图卷》等。同年，集粹山房还出版《张大千画集》四大册，由陈半丁、齐白石、溥心畬等北平画坛顶尖级画家作序。

1936 年春，张大千来到南京中央大学教课。艺术系来了一位大胡子老师，而且这位老师曾经做过"土匪师爷""和尚"，学生们新鲜好奇，上课积极踊跃，听讲认真。张大千的教学方式主要是替学生改画，将学生完成的课堂作品放在画案上，一边讲解，一边批改，哪根线条不好，哪里用墨太焦，讲解生动有趣，深受学生们欢迎。有学生后来回忆："每次看他作画，感到气势磅礴，下笔疾如风雨，使人意夺神迷。"在南大授课其间，张大千和徐悲鸿、黄君璧、谢稚柳及南大美术系学生上黄山写生，这也是他第三次上黄山。

在中央大学没多久，张大千便辞职不干了。因为生活太过拘束，不自由，于是，他悄悄开溜。张大千不好意思当面对罗家伦、徐悲鸿直说，便写了一封辞职信，交给一位认识的记者，借用《中央日报》发表出来，信中所列辞职理由"上有高堂老母，不宜久离膝下"云云。

张大千写生

百年巨匠

张大千

Century
Masters

Zhang
Daqian

　　1936 年 5 月 16 日，张大千母亲曾友贞病逝。母亲的去世，似乎给张大千的辞职找到了理由。张大千常年在外奔波，与母亲聚少离多，多年来，母亲身边一直由大夫人曾正蓉伺候陪伴，黄凝素随张大千一起生活。黄凝素已生下几个孩子，家人同意张大千和杨宛君的婚事，也是基于黄凝素带孩子太过辛苦，无法照料张大千生活。曾友贞治家严格，曾将一件传家宝贝《曹娥碑》拓片交给张大千临习，此帖被认为是王右军所书，为张大千先曾祖旧藏，张大千因赌博输掉《曹娥碑》，此事他一直瞒着母亲。曾友贞病笃期间，曾索要《曹娥碑》一看，心急如焚的张大千推说碑帖放在苏州网师园，假作去拿，回到网师园后，他向叶恭绰诉说苦衷，未曾想到，《曹娥碑》竟辗转被叶恭绰收藏。叶恭绰说："吉人自有天相，《曹娥碑》被我买来了，我一分钱不要，赶紧拿回去交给母亲。"千古遗憾化作悲喜交集的慰藉。

《三到黄山绝顶行》1974 年

三上黄山之后，张大千请好友方介堪篆刻一方"三到黄山绝顶人"印章，以作纪念，并在徽州胡开文笔墨店定制黄山纪念墨数百枚，墨面题署"云海归来"。1936年11月，"黄山艺苑"在上海举行盛大茶话会，欢迎张大千黄山归来。与会者有郭沫若、郑午昌、张聿光、李秋君、吴湖帆等。

此时的张大千，单从画风讲，尚处习古为上阶段，他一边对

《蓬莱图》

古人笔墨之法进行学习，一边通过写生，在自然中和古人精神境界相契相会。张大千学古而不泥古，也有自身利落灵秀、俊俏爽利的个性风貌。这一时期，他画过一幅《蓬莱图》，此画名曰"蓬莱"，实际仍以黄山为蓝本，看得出张大千借鉴了"新安四大家"笔法，以干笔挺劲的线条勾勒山形，略带皴染笔调表现黄山之奇、峭、空、淡之意境。"四大家"笔法工整瘦硬，画作颇有苍辣之气，显得苍凉萧索，孤寒清冷；张大千所绘《蓬莱图》，苍辣之气稍有收减，潇洒之笔增多，甚至多了几分人间烟火。"新安四大家"构图是由近处平坡、山势、树木

百年巨匠

张大千

Century
Masters

Zhang
Daqian

自下而上取景，而《蓬莱图》却是由半山取景，可见张大千在借鉴他人时的求变之心。30 年后，张大千曾感叹："昔年唯恐石涛不入，如今又唯恐不出。"张大千的山水画也曾师法荆浩、李成、范宽、郭熙等唐宋画家，但自己总感"尚出其下"，不能脱出前人窠臼，"前人之法，未尝不近取诸物，吾与其师于人者，未若师诸物也；吾与其师诸物者，未若师诸心"。于是，他多次上黄山写生，深入关陕自然山水之中，卜居于终南太华诸山，朝夕体察。

"云烟惨淡风月难霁之状""虽雪月之际，必徘徊凝贤"，观察酝酿，对山水形象有深厚的了解和感受，也为他后来的山水创作自然游畅，打下了坚实的基础。

王伯敏先生认为："中国山水画萌芽于战国，滋育于东晋，确立于南北朝，兴盛于隋唐，历经宋、元、明、清等历史发展，可谓笔墨技法、绘画理论以及美学思想等方面形成了完整的体系。"如此丰富完善、历经几千年的中国山水绘画体系，如无坚强的意志，可谓难以突破创新，而学习中国山水画没有什么捷径好走，师古、读书、行路是必须的。李可染曾言："用最大的力量打进去，再用最大勇气打出来。"张大千学习古人从清代石涛起笔，到八大、陈老莲、徐渭等，进而广涉明清诸大家，再到宋元，最后上溯到隋唐。纵观张大千一生，可以看出，20 岁至 40 岁是临摹古人期，40 岁至 60 岁为渐变期，60 岁至 80 岁为创新期。作为现代传统绘画大师，张大千步步为营，扎实地走完了中国山水画创作之路。

# 受困北平

1937年3月，张大千相约好友谢稚柳、于非闇、黄君璧、方介堪赴浙江温州雁荡山，体会山情风物，之后再去四川。时年7月，卢沟桥事变，时局紧张，家属及大多藏画都在北平，朋友劝张大千及时将家人、藏画接出来，以防不测。张大千赶紧买火车票，票非常难买，多方托人才买到。到达北平后，张大千发现市面秩序比预想的正常，没有此前说的那样紧张，便安下心来。他到溥心畬家做客，并合作画了一幅《秋意图》，画中枯树随风摇摆，似要坠落，但树身藤条裹身，不离不弃。溥心畬在上面题字："大风吹倒树，树倒根已露，尚有树枝缠，清清犹未悟。"题字暗示时局的困境和无奈。7月下旬，张大千和夫人杨宛君及孩子搬住颐和园。月底，园内空气变得紧张，风传日本人要炮轰颐和园，学生何海霞赶来告知张大千："中国军队顶不住日军进攻，已经撤了。"园内70多户人顿时慌张起来，纷纷准备逃离。此时，颐和园到北平城区的交通已被阻断。张大千仍滞留园中，日军很快占领颐和园。张大千赶紧派长子心亮到城中找德国朋友海斯乐波帮助，海斯乐波打着红十字会旗帜开车来接张大千。园内很多没有逃出去的人乞求张大千带他们一起走，人多车孤，张大千只好让妇女和孩子先走，自己仍留园中，直至8月初才回到城里。这次变故让张大千颇为不快，深责自己之前误听了汤尔和之言才闹得这样紧张，于是，张大千去汤尔和家质问。汤尔和，杭州人，曾留学日本，毕业于金泽医专，其间被推为拒俄义勇队临时队长，加入同盟会；又留学德国，获柏林大学医学博士学位，归国后任北京医专校长等。1922 年后，他历任教育总长、内务总长、财政总长。"七七事变"汤尔和投向日伪，任"议政委员会"委员长等职，1940 年去世。张大千向汤尔和谈到日军在颐和园杀人强奸抢劫之事，汤尔和与日本人相熟，便与日军上层交涉。8 月 3 日，驻北平的日军宪兵到张大千家中来"请"，张大千只好硬着头皮前往。在日本宪兵队，张大千列举了几个日军士兵在颐和园抢劫、杀人、强奸一事，日军官长听完后，把张大千先押在日本宪兵队，说要调查清楚再说。

张大千被羁押期间，音信全无，家人非常焦急。张大千却得到消息，日军告诉他，调查情况属实，并已经枪毙了三个胡作非为的士兵（抑或三个替死鬼）。日军释放了张大千，但不准他离开北平，说要随时请教。日军目的很清楚，就是要拉拢张大千。张正庸说："把他搁在那颐和园，有日本宪兵看着他。"

日军不时发出邀请，请张大千参加日军在北平的各项活动，并聘请张大千担任北平故宫博物院院长和日本艺术画院名誉院长。张大千如坐针毡，内心焦急，只好逶迤敷衍，拖延时间，焦急中的他找到著名画家，自己的远房表弟晏济元商量如何应对。关于这段历史，《百年巨匠》摄制组专程去四川晏济元家里采访，晏老已经 109 岁高龄，他的儿子晏秉常对摄制组说："当时，日本人要把张大千动员出来做事，我父亲知道了。张大千来问我父亲行不行，我父亲说不行，千万干不得，干了他就是汉奸了。最后，张大千决定他们俩在颐和园搞一个画展，画了一个月画，然后就卖。筹了钱后，我父亲就带着张大千的两个孩子和张大千的一些东西从上海绕道香港回到四川。"谈到张大千在北平的几个孩子，张保罗说："家里几个孩子开始在北平，后来因为分布的地方很多，苏州、上海都有，所以在北平的时候，只是我父亲跟我北平的那位姓杨的姨，两个哥哥、我几个人。"那次，晏济元带走两个孩子，杨宛君带走保罗。

送走了杨宛君和孩子，张大千心情平静下来，与溥心畲合作画了《梅竹双清》《细嚼梅花读汉书》《荷花鸳鸯》等图。溥心畲仍在颐和园。张大千还画了一幅《三十九岁自画像》，画中的他头戴东坡高帽，穿汉代服装，坐在一株挺拔有劲的松树之下，神情严肃，表明自己虽身处沦陷区，仍心存国家，抱有民族气节。

为了尽快脱离日军裹挟，张大千请四哥张文修赶来北平，共商

《三十九岁自画像》（局部）1937 年

逃离之计。在此期间，日军听说张大千藏画很多，要求将这些画作交于北平伪政府。张大千假作答应，推说作品放在上海，可以到上海取回。张大千儿子张枭说："他手头有一批古画，日本人想弄去，他把它东躲西藏，反正通过很多关系，最后藏弄到天津去了。"但是日本人并不相信他的话。朋友方介堪从上海寄来一份简报，报纸的一处赫然显示张大千已经被日本人枪毙的标题。方介堪之前受聘故宫博物院古物馆担任科员，不料上班的第二天，"七七事变"爆发，方介堪困陷北平，9 月，化装成清洁工成功逃脱。回到上海，他急与诸友商量救援张大千之策，想出一个妙计，由他给大千寄去剪报一束，上载

张大千已被日本人枪毙的新闻。收到报纸，张大千心领神会，持报找到日军文化机构负责人原田隆一，要求到上海辟谣，日本人还是不答应。

1938 年 5 月初，上海方面传来消息，张大千学生胡若思听信谣言，竟在上海法租界举办"张大千遗作展"，所展作品均是他仿临张大千的作品，想借机大捞一把。张大千再去找日方交涉，原田勉强同意，并给张大千开出由北平去上海的通行证，限定来回一个月。6 月 10 日，张大千告别身在北平的四哥、四嫂以及弟子肖建初、何海霞、孙云生等，只身乘火车离开北平，到达天津，转乘"盛京号"客轮赶往上海。船上他与船王董浩云（董建华之父）相遇，两人谈得投机，从此结交。

到达上海后，张大千住李秋君家，平日深居简出。不久，朋友们将张大千的 24 箱藏画运抵上海，张大千乘法国邮轮赶赴香港，8 月上旬，在香港大酒店举办"张大千画展"，轰动香港。展览结束，张大千从香港返回四川。在重庆他见到二哥张善孖，张善孖正在打点行装，准备赴欧洲、北美各国举办张善孖、张大千抗日募捐画展。

告别二哥，张大千回内江小住时日，之后去成都，住严谷声家。严谷声是陕西人，颇有资产，不仅开有药房，且对古玩字画兴趣颇浓。几天后，张大千偕全家去了青城山。

# 青城秀色

《蜀山旅行图》（局部）1939 年

《巫峡云帆》（局部）1939 年

青城山是道家发祥地之一，被列为道教"第五洞天"。公元 143 年，"天师"张道临来青城山，看中深幽涵碧、景色空灵的山景，开始结茅传道。1938 年底，张大千带领全家人来到青城山。他选择住在山顶幽静的上清宫，白天游览山景，夜晚勤奋作画。龙国屏感慨地对记者说："一方面靠画画为生呀，生活比较艰苦，基本上每天至少是一张到两张的画。四川的画家都找他来了，大家慕他的大名，到青城山来看他。他对朋友非常好，把画画时间都搁在晚上。"画坛名家龙国屏 1914 年生于四川宜宾，幼承家学，1939 年在青城山上清宫拜在张大千门下学画。龙国屏老人接受央视《百年巨匠》摄制组采访，一年后去世，享年 97 岁。

在青城山，张大千一边画画，一边将部分画作托人下山卖掉，以此换钱养家。这期间，他还把一部分作品交给二哥带到海外义卖，用于抗战募捐。平日里，他早起晚睡，暮鼓晨钟，将一幅幅画作呈现而出。青城山钟灵毓秀、烟波浩渺，清新野逸的山野，让张大千感受到自然的美丽。魏学峰说："他感受到青城山的青山翠谷远比画卷上的东西美，所以，他后来在青城山那段时间，青绿山水画的特别多。"从张大千在青城山所画的作品看出，水墨和青绿色彩开始融合，笔墨渐显厚重，抓住了蜀中山水的特征与神韵。张大千热爱青城山，多年后怀念不忘，感情愈加炽烈。在巴西八德园，他特意创作了一幅气势宏大的四通景巨屏《青城山》，画中云海峰峙、烟雨迷蒙，清新可感。

在青城山，张大千一如往常，"搜尽奇峰打草稿"，踱步山野，将山色融化于心，映入纸端。据说，那段时间，他画了 1000 多幅作品。其中有《蜀山秦树图卷》《青城第一峰》《青城山红叶彩蝶图》《峨眉金顶合掌图》等，《蜀山秦树图卷》是张大千为老友张目寒夫妇画的。1939 年 4 月，为防日机空袭，四川省政府下令疏散城市人口，张目寒夫妇来到青城山，搬到山上与张大千同住，为庆贺张目寒四十寿辰，张大千画下此图。此时，黄君璧也刚从西康游历归来，三人相约同赴川北游历。黄君璧，著名画家，与徐悲鸿同时任教于南京中央大学艺术系，1931 年和张大千相识，曾于 1936 年和张大千、徐悲鸿同游黄山。此次，张大千画了一幅佛光映射下的《峨眉金顶》，送与黄君璧。6 月，张大千返回青城山。硝烟战火使得张大千从城市的喧闹中僻居山野，他有了一种归家的感觉。傅申先生言："青城山是他选择的一个避世的地方，让他安逸。其实那段时期他也是跟城中来来往往，并不是一直不动的。他是很好动的一个人，但是那个道观的确能够让他静下心来。而且在以前，他是主要在上海跟北京画画，是在都市里，这一次是真的住在山里头，高山上，不是很高的山，1000 多米高，这自然风景对于他的花鸟画也是一个进步的关键。"张大千笔

《红衣画眉图轴》

百年巨匠

张大千

Century
Masters

Zhang
Daqian

《黄山云海长卷》（局部）

下的花鸟、走兽，早年师法陈淳、徐渭、石涛、八大，题材多样，技法以勾勒、写意兼而有之，行笔节奏和墨色处理上自添新意，并运用自如。他笔下的木本花卉，枝干柔中蕴刚，用墨华滋多变，敷色清嫩鲜活，意境闲逸。当然，花鸟画中，张大千最擅长的还是荷花。

　　青城山空寂宁静，张大千心绪渐趋平静。此时，他年近40，如何将临摹古法换作自己的画风，成为这一时期的思考。 魏学峰先生说："张大千在黄山的早期创作主要是观察黄山的云烟，他以黄山云海为题，创作了很多幅作品。青城山除了云烟以外还有一种四川特殊的、烟雨蒙蒙的朦胧美，而这种美使艺术家不能走近它，要退开一段距离去观察它。这给张大千很好的艺术启发，因为艺术家刻画过于具象的东西，就会局限于物象本身；而四川的山水，这种朦胧之美，使得艺术家保持一段距离去感悟它，去在另外一个哲学层面思考它的内容，所以张大千最后能够走向一种大美，跟四川山水的感悟有很大关系。"

　　在青城山期间，张大千在成渝相继举办画展，并两次赴夹江试制大风纸，同时，与好客的道士、淳朴的山民结下深厚友谊。青城山的山山水水，化为张大千内心情感、艺术精神的一部分。

第二章 ——夙夜匪懈

几个世纪以来，文人画成为中国画家对于绘画认识的标准，或者说是唯一的标准，而敦煌的发现，让国人看到了中国绘画另一面真实的存在，敦煌作为活体的历史遗存，以铁的事实向世人证明古人优秀的文化和辉煌。张大千敦煌之行，唤醒了全国乃至世界对于东方艺术宝库的重视，对张大千本人的绘画技艺、艺术认知以及生命力的锻造具有极大的帮助。

# 西去敦煌

　　1940年，张大千开始了他一生中意义非凡的敦煌之旅 —— 赴大西北临摹壁画。当时画界，耳闻敦煌壁画者不在少数，一般人眼里，敦煌壁画好比水陆道场画，都是封建的东西。"五四"以来，学习西方、反愚昧、反落后、反封建是国人共有的思想热忱，连徐悲鸿见到张大千从敦煌临摹的壁画，都认为是封建落后的东西。故而当时的画家大多投身在一个时代特有的语境之下，敦煌自然不入大家"法

敦煌莫高窟远眺

眼"。张大千避世逍遥,
个性独立,事事好奇,且
以钻研古人为乐事,有此
之行,亦可谓天降大任,
非他莫属。

敦煌莫高窟在大西北
甘肃境内,也是古丝绸之
路的咽喉要地,距敦煌城
东南 25 公里处鸣沙山东
麓的断崖上,始建于十六

1941 年张大千在重庆

国时期,据唐《李克让重修莫高窟佛龛碑》的记载:前秦建元二年
( 366 年 ),僧人乐僔路经此山,忽见金光闪耀,如现万佛,于是便在
岩壁上开凿了第一个洞窟。北魏、西魏和北周时,统治者崇信佛教,
石窟建造得到王公贵族们的支持,发展较快。隋唐时期,随着丝绸之
路的繁荣,莫高窟更是兴盛,武则天时有洞窟千余个。北宋、西夏和
元代,莫高窟渐趋衰落,仅以重修前朝窟室为主,新建极少。元朝以
后,随着海上交通发达,丝绸之路渐渐废弃,莫高窟也停止了兴建,
湮没于世人视野。直至清康熙四十年( 1701 年 )后,这里才重新被人
注意。

漫长的岁月中,莫高窟虽然受到大自然侵袭、人为破坏,却依然
保留十六国、北魏、西魏、北周、隋、唐、五代、宋、西夏、元等十个
朝代的洞窟 492 个,壁画 4 万多平方米。壁画画着佛像、飞天、伎乐、
仙女、赤身女人等,有佛经故事画、经变画和佛教史迹画,也有神怪
画和供养人画像等,还有各式各样精美的装饰图案等。若把壁画平行
排列能伸展 30 多公里,是世界上规模最大、内容最丰富的一个画廊。

莫高窟的雕塑也极负盛名。彩塑像共有两千身，有高达 33 米的坐像，也有十几厘米的小菩萨像，绝大部分洞窟都保存有塑像，数量众多，堪称一座大型雕塑馆。

在曾、李二师堂下学画期间，张大千就听二师说起过敦煌，说那里藏存着最为精彩的壁画和佛像。而叶恭绰，这位敦厚长者，同时亦是修养深厚的文化学者对张大千画人物画可谓抱有极大的期望，亦曾鼓励他去敦煌。魏学峰先生说："这些文化名人，崇高的精神境界，对中国文化的精神把握，直接影响着张大千。另外就是，张大千是一个悟性极高的人，就是超常悟性，很多小的事情经过他考虑，他都能够悟出一种大道理。"叶恭绰为何如此关心张大千的人物画，原因是中国绘画自宋朝开始，受理学影响，对佛学、禅宗有了新的观点和认识，绘画逐渐转向借助山水抒情表意，表现林泉精神的自然宇宙观，而人物画随着这一哲学关照渐渐式微。多个世纪来，直至当下，人物画亦始终不能登上大雅之堂这一缺憾被叶恭绰等有思想见地的学者及时意识到。

老师和朋友的期待，张大千汇存于心，只是迫于战乱及诸事缠身，无法付诸行动。在北平获得巨大声望之后，历经社会动荡，张大千内心喧嚣渐渐落于平静，在平静中又重新燃起新的力量，他下定决心，要去敦煌一看。当然，在这期间，两件事情的发生，是促成他迅速起身的原因。一位叫严敬斋的朋友，曾担任过中央政府监察院驻甘、新、青监察使，由于对佛教文化甚感兴趣，西北任职期间，严静斋曾不止一次去过敦煌，得知张大千逃离北平居住青城山后，严静斋特来拜望。见到张大千，他无比兴奋地讲起敦煌，建议张大千一定去看一看。还有一位叫李丁陇的画家，带着一批从敦煌莫高窟临摹来的壁画，到成都办展览，在与画店交涉裱画时，被老板发现，老板意识到这些画非同寻常，就向张大千通报了信息。成都周边画廊都是张大千设伏的眼线，平时帮他注意收集情报。听到有好画到了成都，张大千放下手中画笔，迅速赶到装裱店，见画连声赞叹："妙不可言，妙不可言也！"遂让老板速去李丁陇住处相请，李丁陇来到张大千住处，两人相见恨晚，如同故交。听到李丁陇子然一身，在敦煌临摹壁画长达8个月，张大千感慨地说："你吃了太多的苦，不过这苦吃得值得，你是第一个临摹敦煌壁画的人。"想到严敬斋所言敦煌，又亲眼见到李丁陇临摹的敦煌壁画，张大千不再犹豫，立即着手准备，前往敦煌。此时的张大千在青城山待得有些憋闷，正想出去透气散心。傅申先生说："到了抗战时期，没地方去了。中国的两大中心，北京、上海，他都不能去了，这两个收藏家最集中、古书画最多的地方已经沦陷了。住在成都时他就想到，曾经老师提到过敦煌，所以他决心去敦煌学习。他很会利用时机。"

1940年4月，张大千踏上去敦煌的路程。出发之前，长子心亮突然病逝。张大千忍着失子之痛，毅然前往。不料行至广元，惊闻二哥张善孖从欧洲返回后在重庆去世，想起二哥对自己无微不至的照顾，张大千伤感心痛，折身返渝奔丧。

1941年春，张大千第二次踏上去敦煌的征程。考虑到路途遥远

与友人合影（左二抱孩子者为张大千）

去敦煌路途中与甘肃官员合影

百年巨匠
张大千
Zhang
Daqian
Century
Masters

临摹壁画

于右任在敦煌看望张大千

艰险，当地盗匪猖獗肆掠，他只好请好友张群出面帮忙，张群令部下蔡孟坚给予协助，蔡孟坚时任兰州市市长。经蔡孟坚协调交涉，鲁大昌为张大千提供了路途方便。鲁大昌时任国民党第八战区东路总指挥，西北一路正好在其辖区之内，提供方便自然不在话下。

张大千和太太杨宛君、儿子张心智由成都乘飞机抵达兰州，到兰州后就住在鲁大昌家。张枭说："在兰州时鲁大昌把张大千接待得很好。鲁大昌在腊子口跟红军打过仗，他后来也想文艺一下，自己还画个画，所以听说张大千来了，那就不得了了，马上把我父亲接到他家去住了。后来父亲要到敦煌去，要进入武威，就是马步青的地盘了。马步青派军队保护我父亲，晚上都是派连队保护。到了敦煌，县太爷都是十里外迎接。我哥哥是亲身经历了的。"张枭的哥哥张心智到兰州后，经鲁大昌一家人热情撮合，娶了鲁大昌的女儿，张心智成了鲁大昌的女婿。据说张大千当时不太愿意，但没有拗过鲁家人的热情。鲁大昌为张大千包了一辆苏联的"羊毛车"前往河西，途经武威，在逛文庙时认识了当时担任甘肃省参议副议长的范振绪。范振绪也是一位著名书画家，年龄比张大千大 20 余岁。辛亥革命成功后，范老先生作为同盟会会员被选为中央参议院议员，在北京从事书画研究鉴定工作。此时的范老为避日本飞机轰炸兰州，暂居武威。当张大千把去莫高窟的事告诉范老后，范老很高兴，并加入一同前往。在范老和当地县长陪同下，一行多人浩浩荡荡地赶赴敦煌。

张大千在《我与敦煌》一文中写道："光准备赴敦煌的用具和行李就有五百斤。从成都飞到兰州，兰州再进去，自永登起就是马家军的防区了，地方情况特殊，由鲁大昌先生代我致电马步青旅长，说明我要去敦煌的目的。敦煌附近常有哈萨克流寇出没劫杀行旅，我请求马旅长保护，马旅长回电说欢迎我去凉州（武威）住，并由鲁大昌派车护送我过去，再由马步青派骑兵一连护送我入敦煌。"

一路上，范老向张大千介绍了西域的风情物产，同时沿途观摩丝绸之路的锁阳城等。到达敦煌后，当晚住在下寺，张大千和范老先生稍事休息，便急切参观了附近的一个大石窟。他们拿着手电筒、蜡烛一起在窟内观看壁画，一幅彩绘仕女面部丰满，眉清目秀，服饰上的线条流畅有力，

范振绪山水 1929 年

仕女一手持杖，亭亭玉立在菩提树下，显出"吴带当风"的大唐真韵。惊喜不已的张大千贴近壁画，久久凝视，不肯离去。由于旅途劳累、夜幕渐深，在朋友们的劝说下，张大千方才依依不舍地离去。接下来的几天，大家一起商议如何考古、清理险窟、编号、临摹，考证各窟经事、本生、尊像、供像和图饰的内容。范老一边参观一边讲解："佛教本是印度的东西，但中国人接受外来的艺术从不是全盘接受，而是融汇于自己的审美，使中国大地上的佛教塑像、壁画等都独具一格。"张大千及随行人员无不佩服范老满腹经纶、读书万卷的讲解。张大千对范老不仅以"尊师""禹老"尊称，为感谢他的大力支持，曾作诗一首："我爱诗人范禹老，西来吊古锁阳城；颓垣坏塔成惆怅，一日三回捉草螟。"范老也曾给张大千的一幅《戏拟榆林窟唐人壁画》题下字迹："此与大千游榆林窟后，风窟中唐画随意背临，神情与壁画颇肖，早入唐贤三昧，近世无其匹矣！"

在莫高窟的头三天，张大千一直陪范老观摩壁画，直至范老有事先回武威，张大千才从下寺搬住上寺。上寺距下寺约两华里，下寺时有来人观摩，上寺则比较清静。

搬到上寺后，张大千首先考虑对石窟进行编号记录，并用铅笔画了一幅石窟分布图，按图纸给石窟进行临时编号，此后，张大千每天带着心智，提着一盏煤油马灯，对各石窟逐一观察记录。张大千的编号，成为后来研究的重要参考。由于自然侵蚀、人为破坏，莫高窟各窟之间个别栈道已有损坏，二层以上的石窟及位置更高一些的石窟攀登困难，如若上去必须架设梯子或从山的另一头方可进入，这给张大千的记录工作带来很大麻烦。而且做记录必须将石窟彩塑、壁画内容以及相关的题记全部记录下来，不仅耗费脑力同时也耗费体力，巨大的工程单靠张大千和儿子张心智难以进行下去。此间，张大千想把窟里的一些壁画描画下来，但是，必须先搭架梯子，张大千爬上梯子做记录或勾描，张心智爬上另一架梯子用马灯照明，这样来回搬动极为吃力，下面没人扶梯子更是危险。张心智回忆说："特别是在临摹整幅巨大壁画的上面部分时，要一手提着煤油马灯，一手拿着画笔站在梯子上，上下仔细地观察壁画，看清一点，就在画布上画一点。一天上下要爬多少次梯子就很难统计了。我当时胆小，每当爬到最高处时（距地面 3 米多）两条腿就不由得发抖……"张正雍也说："他在那三年时间里，经济很紧张，连固定梯子的东西也没有。他回来给我们讲得特别逗，说他那梯子就是一根棍儿，用一副纱刀打穿了，两头蹬，一下踩这头儿，一下踩那头儿，慢慢爬上去。"

　　由于人手不够，张大千托朋友从城里介绍了两位油工师傅，一位叫窦占彪，另一位叫李复。张枭说："其中一位油工小伙子极为聪明，返回四川后，张大千把他也带过来。后来他又回到敦煌文物研究所工作。此人爱喝酒，早早就去世了。城里驻军的马团长又派来四名士兵协助工作，张大千无法推辞，只好留下两名。有人帮忙，工作速度自然加快了。转眼过去近 3 个月，记录工作只完成了四五十个洞窟，即便到了年底，也只能完成四分之一洞窟的编号。张大千不肯半途而废，但来敦煌的费用都是自费，四川那边还有一大家人口等着用钱吃饭。"张大千的小儿子张保罗说："他最初想连去带回，三四个月也就够了。可是一看那里边，发现这个地方太伟大了，就说一年，结果，过了没多久他又说，一年不行，还得待下去。"

　　过了一段时间，于右任来甘肃视察，顺便来敦煌看望张大千。于右任对张大千的自费行为甚为感慨，并说回去向政府申请经费。张大千认为此时正是抗战时期，不便向政府伸手。当然，作为好友，张

百年巨匠

张大千

Century
Masters
Zhang
Daqian

大千也向于右任感叹自己二哥张善孖赴欧洲办画展募捐，所得款项二十万美金全部捐给国家等。最后，张大千诚恳建议国家应该出资将敦煌、将举世难觅的莫高窟保护起来，不应该让它沉埋沙漠。张大千的建议得到了落实，很快敦煌成立了文物研究所，常书鸿成为第一任所长。据说：后来于右任先生回到当时的陪都重庆呼吁这个事，国民政府"中央研究院"的院长傅斯年就决定成立这样一个所。当时的构想很大，不光是成立一个敦煌艺术保护所、研究所，而是要成立一个西北文化院，于是就组成了一个由于右任等许多名家参与的专门委员会。又一年的中秋节，张大千在敦煌的时候，于右任还写了几首诗。在推荐人选的时候，谁来挑这个头？实际上于右任最早看中的是张大千，但张大千婉辞，他觉得自己只是一个比较单纯的艺术家，于是他推荐了常书鸿。常书鸿他们去敦煌，这个历史机缘是因张大千而起的。

常书鸿，这位留法的油画家 1943 年来到敦煌时，敦煌文物整理工作已有初步成绩。敦煌文物保护中心亦有记载："虽然早在 20 世纪初就有罗振玉、王国维、刘半农等人在北京、伦敦、巴黎等各地收集、抄录敦煌文献，但对莫高窟的真正保护开始于 40 年代。1941 年至 1943 年，著名画家张大千对洞窟进行了断代、编号和壁画描摹。1943 年，国民政府将莫高窟收归国有，设立敦煌艺术研究所，由常书鸿任所长，对敦煌诸石窟进行系统性的保护、修复和研究工作。"

1941 年，正是张大千在敦煌临摹壁画最为艰苦的时段，四周是荒芜的沙漠，生活条件简陋，洞窟的编号、整理，壁画临摹才刚刚开始。面对这庞大的莫高窟，张大千下定决心，在莫高窟待上两年。

不觉渐入冬季，生活寒苦，张大千经过考虑，让杨宛君先回成都，告知黄凝素这里的情况，让她来和杨宛君做伴，因为杨宛君一个人太孤单了。

# 艰苦作业

1942 年，张大千从敦煌经武威、永登、窑街到西宁。马步青介绍他找到马步芳，在马步芳的批示下，张大千在塔尔寺、鲁萨尔镇购得上百斤藏蓝（石青）、藏绿（石绿）、朱砂等矿物质颜料，还聘请了 6 位藏族画师，昂吉、三知、西安、小乌才朗、格朗和杜杰林切，他们收拾好行装一起出发去敦煌，为大规模临摹壁画创造了条件。张大千和敦煌地方人士刘鼎呈、张雨亭（县商会会长）关系甚好，二人负责张大千一行的衣食住行，对其给予了全面的保障。这也使得张大千在临摹壁画时少去后顾之忧。

张大千在敦煌开始了"面壁"石窟的苦行僧般的生活。而这一"面壁"，他前后竟用去近三年时光。他原来的想法是要把敦煌壁画全部临摹下来。而这工程岂是想象中的那样简单。张大千将人员分成三组，张大千、张心智为一组，李复、窦占彪、孙好恭为一组，昂吉等三位画师为一组，留下三人加工画布和研磨矿物颜料。壁画重要部分全由张大千亲自勾线。因为年代久远，风蚀侵袭，加之人为破坏，壁画损坏严重。尤其是 19 世纪末至 20 世纪初，一股白俄残匪流窜至敦煌，

临摹敦煌壁画 1942～1943 年

临摹敦煌壁画 1942～1943 年

在莫高窟滥施疯狂，肆意破坏，"断手凿目""挖心捣腹"，并在洞窟里点火烧饭，将洞窟、寺院的门窗、木匾当柴火烧掉，浓黑的油烟严重污损了大批壁画。为了让所临壁画更加完整，张大千不断分析、反复观摩，参考同时代壁画色彩样式，斟酌再三之后，方才下笔。张心智、李复等负责分片着色，每人一种，流水作业。张大千胆子很大，独木高梯，爬上爬下，如履平地。有过名山大川登高涉险的写生经历，张大千早已练就了一副好身板。但窝在洞窟，四面黝黑，仅有一两盏小油灯照明，艰苦可以想象。有一些很小的洞窟是卧着进去的，洞不到一个人的高度，而且是仰着画。当临摹壁画的底部时，还得铺着羊毛毡或油布趴在地上勾线着色，不到一小时，脖子和手背就酸得抬不起来，只得站起来休息片刻再继续临摹。而这之后，赶去敦煌的弟子刘力上回忆："每日清晨入洞……藉暮始归，书有未完，夜以继日。工作姿态不一，或立或坐，或居梯上，或坐地上，因地制宜，唯仰勾极苦，隆冬之际，勾不行时，气喘汗出，头目晕眩，手足摇颤，力不能支，犹不敢告退，因吾师工作较吾辈尤为勤苦，尚孜孜探讨，不厌不倦，洵足为我辈轨式模范。"

处在大西北深处的敦煌，夏天炎热，但人在洞窟，尚不难熬；进入冬季，冷风刺骨，滴水成冰，艰苦难耐。但张大千热情不减，坚持

临摹敦煌壁画　1942～1943 年

着临摹工作。

刚来敦煌，张大千面对壁画还有些眼花缭乱，理不出头绪，他说："开始来的时候，我也有些眼花缭乱，看了那样多的名人古迹，到这里就看不懂了，那时才知道山外有山，楼外有楼，哪里能找到这样众多的名人古迹？"张大千早年所见所临的古人绘画与敦煌壁画相比，只是零星散见之作，真正面临古人整齐一览的无数壁画时，张大千既高兴又犯难，仿若面对金山，却不能全部揽入怀中。但是，张大千不愧是一位身怀强大精神的大师，面对丰富浩瀚、密密麻麻的壁画集群，他默默地、坚韧地、一幅一幅地临摹着。早在上海，张大千就练就了专注凝神的临古意志，仿若就是为敦煌临摹打基础，现在全用上了。随着其不断地临摹，所临壁画的数量渐渐增多起来，张大千信心增强，精神更旺。当然，让张大千兴奋的还有一个原因，那就是中国文人画沿袭诸多世纪，多数人以为文人画为中国传统绘画之正途，张大千虽心存疑虑，但又不能有所证明。此时在敦煌，他看见古人绘画实体的存在，它们那么真实，那么辉煌，以无可辩驳的事实向世人证明了中国古代绘画的另一种风貌。其意义可谓非凡伟大。

来敦煌之前，张大千已经是名声显赫的画家，在北平、上海、四川，他都有着非常广泛的影响力。此时，在敦煌，经受孤独，耐住寒苦，反映出张大千超乎寻常的远大抱负以及对于绘画的无比热爱。当然，这其中还有一个重要原因，就是魏学峰先生所说的："他忽然发现了一座艺术的宝库，而且发现了能够洞开这座中国传统艺术宝库大门，使自己的艺术攀上另外一座高峰的一条路径。这对他以前的传统绘画观念是一个彻底颠覆。"面对敦煌绚烂多彩的壁画，一瞬间如哥伦布发现了"新大陆"，令张大千兴奋不已，他预感到自己的绘画也将迎来一个全新的世界。

三个多月很快过去，临摹工作进展顺利。进入夏天，黄凝素、黄宛君、谢稚柳及大风堂弟子肖建初、刘力上、张比德等从重庆、成都来到莫高窟，这无疑加强了临摹力量。但也给当地负责生活供给的刘鼎呈增加了负担，几乎三天两头就要送瓜果、蔬菜、肉类等食物。刘鼎呈始终积极热情地将后续生活保障做得井井有条。夏天供应蔬菜好说，进入冬天，敦煌可吃的更少，就是洋芋、白菜、萝卜，刘鼎呈陆续宰杀了几只羊，再从苏联购入螃蟹和海鱼罐头，以滋补大家。

1941年张大千对石窟编号时，对敦煌的气候条件已有所了解。第二年来莫高窟，张大千根据当地气候条件，夏秋两季集中时间临摹《维摩变》《舍身饲虎》和几幅不同时代的《经变》等一些大、中幅壁画。他临摹是有自己的方法。他既临摹一些大的场景，比如说经变故事，就是佛教讲经的一些故事，有全景的，他也有画局部的一些东西。所以在临摹敦煌壁画的过程中，能够看出张大千是要尽量摆脱以前文人画的方法，全身心地投入，去感悟唐代那种博大的艺术气象。

进入冬天，大家就在房子里完成对壁画的描绘，小幅临摹壁画也会带到洞窟，与原作核对描绘。一个冬天，不觉完成100多幅，加之此前在敦煌临摹的壁画，竟约300幅。

到1943年4月下旬，所准备

临摹敦煌壁画 1942～1943 年

百年巨匠

张大千

Century
Masters

Zhang
Daqian

临摹敦煌壁画 1942～1943 年

的颜料、布匹、画绢等所剩不多，加之张大千一直惦记着去榆林窟临摹一部分壁画，5月初，一行人收拾行李、炊具等物品，骑着骆驼，在向导带领下赶往榆林石窟。进入一个山口时，张大千驻足回望，与莫高窟依依惜别，不忍离去。来到榆林窟，继续编号、临摹，大家一手拿画笔，一手拿蜡烛，边画边描，临摹辽、西夏《水月观音》、盛唐《卢舍那佛》《西方净土变》、五代《婆娑世界大梵天主赴法会场面一铺》等，共计19幅。榆林窟荒无人烟，所带饮食所剩不多，加之每天工作十四五个小时，尤其当地夜晚蚊虫叮咬得厉害，比在敦煌时还辛苦。给养终于用光，大家决定撤离。此时的张大千手中已无分文，3年中，共临摹了276幅画作，仅颜料就用了千百斤。临摹壁画致使他千金散去，债台高筑，可谓史无前例。至于张大千在敦煌共计花费多少钱，有人猜测有几百两黄金。当时一干人的费用都由张大千负担，加之请来的喇嘛所磨制的矿物颜料，也是世上最贵最好的，有人提出向政府提议补助，被张大千拒绝。7月，张大千到达兰州，在朋友们的建议下，在兰州举办"张大千临摹敦煌画展"。8月中旬，画展开幕，到会人数上万，非常隆重。11月，张大千抵达成都，并在成都、重庆接连举办"张大千临摹敦煌画展"。各家媒体纷纷报道，轰动全国，被誉为"伟大之工作，学术上之盛事！"成都展览共展出张大千临摹的敦煌壁画44幅，敦煌彩塑、壁画的巨幅摄影 22 幅，张大千亲自为展览撰写了序言：

> 河煌久客，乍返成都，旧雨相逢，奇观共诧，举石室之绘
> 事，方海客以谈瀛。

> 盖大千平生流连画选，倾慕古人，自宋元以来真迹，其
> 播于人间者，尝窥见什九矣。

> 欲求所谓六朝隋唐之作，世且笑为诞妄。独石室画壁，
> 简籍所不载，往哲所未闻。

> 千堵丹青，避光莫曜，灵踪既閟，颓波愈腾，盛衰之理，
> 吁其极矣！今者何幸，遍观所遗，上自元魏，下迄西夏，绵
> 历千祀，杰构纷如，实六法之神皋，先民之榘矱。

> 原其飚流，固堪略论，两魏疏冷，林野气多；隋风拙厚，
> 窍奥渐启；驯至有唐一代，则磅礴万物，洋洋乎集大成矣！
> 五代、宋初，踱步晚唐，迹渐芜近，亦世事之多故，人才之有
> 穷也。……癸未嘉平，大千张爰并识于大风堂。

展览获得了极大成功，门票虽高达 50 元一张，但"前往参观人
士，异常踊跃，莫不叹为观止"。

# 敦煌收获

　　张大千敦煌之行，唤醒了全国乃至世界对于东方艺术宝库的重视，对张大千本人的绘画技艺、艺术认知以及生命力的锻造具有了极大的帮助。几个世纪以来，文人画都是中国画家对于绘画认识的标准，或者说是唯一的标准，而敦煌的发现，让国人看到了中国绘画另一面真实的存在，敦煌作为活体的历史遗存，以铁的事实向世人证明古人优秀的文化和辉煌。林木先生说："敦煌的考察对张大千来讲是一个重大的转变，这之前他也是在笔墨里边糅合、临摹，在这里边讨

临摹敦煌壁画 20 世纪 40 年代

临摹敦煌壁画 20 世纪 40 年代

生活。敦煌之行使得他后来的画风发生了重大的变化，色彩增加了，而且厚重了；尺寸变大了，画得很雄壮；造型也壮硕了，不管是男的女的，特别是一些侍女。他以前的侍女都很柔弱，到敦煌看了以后，他的侍女都变得壮硕起来了，充满着一种健康向上的生气。他当时的山水也好，人物也好，色彩都变得丰富起来，变得伶俐起来。这也是他跟文人画之间有些划清界限的转折。"

巴东先生说："张大千发现艺术创作是要用生命奉献、灌注的，就像敦煌那些佛教艺术的创作者一样。那敦煌的佛教艺术有什么特色呢？第一个在

《敦煌石室唐人壁画观音大士像》
1941 年

线条。它的线条跟以前文人画家那种飘逸、写意的画法不太一样。敦煌的那种佛教艺术，画人物画，画道场画，线条是要非常精准的，就在线条上张大千得到了很高的一个提升。第二个就是在色彩上。因为唐代是一个富丽堂皇的时代，他们的色彩很鲜艳，用的是矿物质的颜料。可是鲜艳的颜色并不好用，因为很容易画得俗气，可是，经过一层层的敷染，颜色看起来就又醇厚又美。这样一种非常艳丽的色彩，在张大千手上又重新恢复过来。"

张大千临摹敦煌壁画的意义还反映在如下几个方面：一、他将中国佛教文明最高峰的成果记录下来，也对当时社会民俗、衣着服饰有了明晰的认识。张大千说："一般人注意力都集中在佛像上，而供养人的衣着、服饰与当时的社会不会有错。"二、他将敦煌莫高窟壁画

百年巨匠

Century
Masters

张大千
Zhang
Daqian

临摹敦煌壁画 20 世纪 40 年代　　临摹敦煌壁画 20 世纪 40 年代

分门别类，进行编号，为以后敦煌研究工作提供了初步的研究基础。好多年后，在常书鸿带领下的敦煌研究所还沿用此编号方式。三、引发社会开始关注和重视敦煌文献艺术价值。四、让后来人了解北朝、唐、五代时期中国绘画之辉煌成就，将中国绘画史的脉络贯通起来。当然，经验和认识也是相互融合。就张大千本身而言，其内心的体悟、对世界的关照也是大开生面，获得之后艺术的大步发展。正如高阳所说："对他自己是一种考验，也是磨炼；特别是自我培养而成的那种'筚路蓝缕，以启山林'的意志与经验，对于他以后的'闯天下'很有帮助。"

张大千早期的人物画受任伯年影响，又师法陈洪绶、赵孟頫，之后取法华嵒、张风、唐寅、仇英、吴伟等人，逐渐形成自己的早期人物画理论。而敦煌之行，成为他绘画风格的一个转折点，被人评为："中年西上敦煌，临摹石窟，振千年之颓势，开艺苑之新风，气象雄伟，着色瑰丽，使人物画为之一变。"张大千早年师法唐寅，线条清丽婉约；20世纪40年代后，人物画线条虽细，已见内含骨力，早期峻刻的燥气减弱了，这无疑来自敦煌壁画的影响。在设色上，张大千早期用色取之明、清，清淡浅绛，而敦煌壁画大胆奔放的颜色对张大千后来的绘画风格也起到了解放作用，以后的山水画边线，更是不拘成法。正如单国霖所言："借敦煌壁画着色法，施与衣裙，图案服饰和背景树石，造成画面绚丽的装饰效

果。仕女脸部的渲染每用唐人的三白法，胭脂色的敷染细腻柔和，产生肌肤细腻、红润的娇艳感。"敦煌临画之后，张大千眼界大开，在以后的绘画创作中更是不再拘泥于之前的表现方式。

张大千一生没有什么相关的绘画著述，仅有诗词和一些零散的绘画言论，所出版的唯一一本著作或曰学术论文就是《莫高窟记》。此书于1943年写就，之后交曾克瑞整理、加注，张大千过世后，由敦煌研究专家苏莹辉点校出版。全书

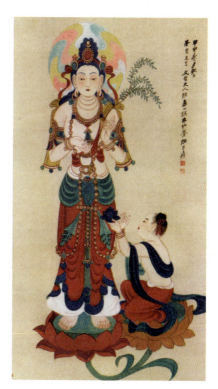

临摹敦煌壁画　20世纪40年代

约 1.1 万字，分为 5 大部分对敦煌艺术分门别类做了介绍和认识。文中，张大千写道：敦煌壁画不是工匠所为，而是名手之作。他还特别提到中国为何看重文人画而鄙视工匠画到这步田地，我们古代不是有"大匠""匠心独具""意匠惨淡经营"这些话吗？张大千曾自豪地对他人说："我不是文人画，我是画家画。"其实这也反映出张大千对中国绘画认识的自信，敦煌绘画让张大千看见了中国古人的卓越，看见了中国绘画另一种不同于文人画的绘画，他意识到从这里进入，可以攀上一个新的高峰，进入中国绘画一个新路径。这对他以前的传统绘画观念是一个彻底性的颠覆。

对于张大千的敦煌之行，社会反响很大，各新闻媒体纷纷给予报道，夸赞不断，但也有负面声音，其中，"损坏敦煌文物"成为一时之"罪状"。关于"损坏敦煌文物"之事，张大千在他的《张大千临摹敦煌壁画展览目次》中亦做过介绍："莫高窟重遭兵火，（该窟）宋壁残缺，甬道两旁壁画几不可辨。剥落处，见内层隐约尚有画，因破败壁，遂复旧观。画虽已残缺，而傅彩行笔，精英未失，故知为盛唐名手也！窟内东壁左，宋画残缺处，内层有唐咸通七年题字，然犹是第二层壁，兼可知自唐咸通至宋，已两次重修也……"

"损坏敦煌文物"一事据说闹到甘肃省府，最后在南京方面的干预下，才不了了之。张大千去世后，张大千研究专家李永翘将当时状告张大千的文件旧本交给徐雯波，徐雯波老泪纵横。

# 养精蓄锐

　　从戈壁荒漠返回青城山，张大千一边作画，一边马不停蹄地往返于成都、重庆等地。随着一股"敦煌热"的悄然兴起，国人也因张大千三年敦煌面壁，一睹中国千年艺术的瑰丽和风采。一些后来成为敦煌文化学者的人，因为看到张大千临摹敦煌壁画的画展，才去敦煌工作的。段文杰，这位敦煌艺术研究所第二任所长，就是在重庆念艺专的时候，看了张大千的画展，才萌生了去敦煌的念头。段文杰说："看到张大千先生的临摹作品后，我着了魔，所以我到了敦煌。"

　　张大千依旧住青城山上清宫，并在上清宫周围栽种了自己喜爱的梅花，放养了十余只红爪玉嘴鸦，这是他特意从甘肃天水带回来的。从敦煌返回途经天水，张大千观览了天水麦积山石窟，并进行

《青城山十景》1944年

了考察。此时的张大千，在青城山一边读书一边作画，游览青城山周边风景，整理敦煌未完成的画稿，同时创作了一批题材不同的画作，如《青城山十景》《宋人觅句图》《仕女图》等。

一个艺术家的内心被某种丰沛的激情所触摸时，其创作的路径便会被内心最为激烈的情绪所导引，以直接本然的生命状态投入画中。张大千热爱青城山，喜欢青城山的风光万物，随着不断对青城山写生、浏览，张大千被青城山周边景致风光深深吸引，情绪激荡，愉悦的心绪逐渐和中国青绿山水、云山画派、敦煌佛教艺术汇合。他似乎意识到什么，因为他发现，在他眼睛里，青城山的山水更加青、更加绿，他要表达真实的内心感动。感动来得那样沉厚，像汇合了各种矿物的岩浆不断搅拌，渐渐喷发光芒。世界并不是单一守恒的物态，而是无时不在地充满了精彩和奥妙。这一时期，张大千把注意力集中在山水画的创作上，开始主攻山水画，所画的作品更加浓郁厚重。而这一体验，也给他晚年所创的泼墨泼彩打下了伏笔。

张大千勤奋作画，家人为其掌灯磨墨，打理家务。张大千的三位太太难得聚在一起，孩子们也围在身边。这些年，张大千全身心扑在绘画上，东奔西走，照顾孩子便成为三位夫人的义务。张大千在敦煌期间，夫人和孩子们曾转移至邳县乡下，在简陋的乡下小屋，她们烧火做饭，供养孩子温饱。杨宛君在外找些事做，来挣钱生活。杨宛君没有

《宋人觅句图》

生孩子，从北平逃出后，她带着张保罗辗转香港最后回到四川。谈到杨宛君，张保罗说："我们叫她姨，第三位就是姨，不能称母了。我小的时候，就是杨三姨带着我，我弟弟她也带过，所以相处得很好。"

杨宛君（左下）和张心瑞（左上）及友人合影

1944 年 3 月 15 日，"张大千收藏古书画展览"在成都祠堂街四川美术协会内开幕。这次展览由四川美术协会主办，共展出张大千收藏的唐、宋、元、明、清各代作品计 170 余件，其中有巨然、苏东坡、赵子昂、黄公望、文徵明、沈周、唐寅、仇英、陈老莲、八大山人、石涛等名家的作品。展览共进行了 6 天，观众如云。所展作品之精令收藏界、美术界人士惊叹。举办这些藏画展不仅为了展示古代名家艺术风采，同时也是为了出售。张大千隐身敦煌洞窟近三年，和外界联系不多，画也没法卖，生活困难。龙国屏先生说："此次展览之后，为了偿还敦煌之行欠下的巨债，张大千不得不忍痛卖掉了部分珍藏品。"张大千还专有一方印刻有"别时容易"四个字。

3 月 25 日，全国美术节，张大千在四川省美术协会举行的"庆祝首届美术节纪念大会"上发言，呼吁美术界同仁在抗战期间，一起为促进新中国的文艺复兴而努力，同一天，在重庆召开的"全国美术会第七届年会"上，张大千与徐悲鸿、吴作人、黄君璧、高剑父、林风眠、傅抱石等 31 人当选中华全国美术会理事。

1944 年，张大千在重庆、成都相继办展，再游峨眉。1 月，由张

百年巨匠
Century
Masters
张大千
Zhang
Daqian

大千题签的《新艺》月刊在成都创刊，郭沫若、徐悲鸿、张大千、朱光潜、宗白华等70人被聘为该刊特约撰稿人。1945年初夏，正在成都家中的张大千，突然迎来一位"不速之客"，来人正是张大千的好友叶浅予，叶浅予和夫人著名舞蹈家戴爱莲刚从印度参加一个文化交流活动后回到重庆，之后来到成都。叶浅予和张大千相识于20世纪30年代初，当时，叶浅予在《上海漫画》《时代漫画》担任编辑，其创作的著名连环漫画《王先生》风靡华夏，张大千非常喜欢《王先生》漫画，每次报纸出来，就派人买回欣赏。后来二人相识往来更加亲密。老友相见分外开心，叶浅予几乎天天陪张大千作

《蜀道秋云图》1938年

《闲吟策杖图》1943年

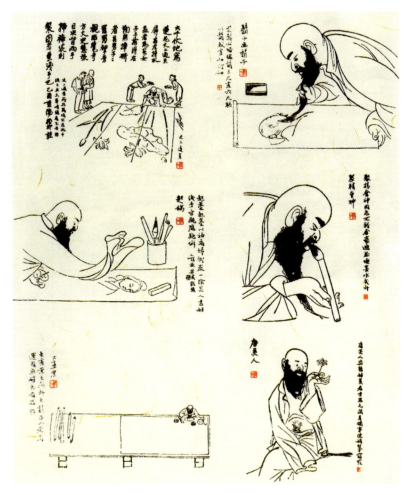

叶浅予《张大千诸像》1945 年

画，聊天漫谈。一天，张大千在成都昭觉寺以四张丈二大纸，用了
一天时间画了一幅荷塘通景大屏。叶浅予暗自吃惊，"此气派，见
此神速"，于是他也用自己的漫画笔法画了一幅漫画，题为《丈二
通景》，记录当时的情景。后来他又连续画了《大画案》《唐美人》
《起稿》《胡子画胡子》《聚精会神》等一共 6 幅赠给张大千。漫画

以夸张手法，极生动地刻画了张大千平日的艺术生活，可谓"形神兼备，妙趣横生"，张大千非常喜爱，题名"游戏神通"，1948年交由荣宝斋复印成套。谢稚柳曾在《丈二通景》上题道："伏地写莲花丈二通景屏，其左持水盂者，为其女子子拾得，右鞠躬捧砚者，其男子子罗罗，袖手旁观者昭觉寺方丈定慧，张目决眦、两手插裤袋则制图者叶浅予也。"张大千对叶浅予用中国笔墨画的印度人物也很感兴趣，并以两幅印度舞姿为蓝本，用自己笔法，仿制了两幅。之后，叶浅予和夫人戴爱莲去西康游览，带回多幅西康写生。受此感染，张大千也于1948年去西康一游。

# 传世名画

1945 年 8 月 14 日，抗日战争取得最后胜利。张大千在收音机里得知这一消息，欣喜若狂，他在家里大摆宴席，与家人、弟子举杯共庆。喜不自禁的他挥毫泼墨，画下了《喜浪摇荷图》。画中荷叶如卷怒涛，莲梗屹立，芙蓉怒放。张大千题诗道："夫喜收京杜老狂，笑嗤胡房漫披猖。眼前不忍池头水，看洗红妆解珮裳。乙酉八月十日，倭寇归降，举国狂欢，祉布道兄见访昭觉寺，为写此留念。不忍池在东京，为赏荷最胜处也。爰记。"

11 月，张大千乘飞机抵达北平，与四哥张文修相聚。因战火分离 7 年，兄弟把臂相望，唏嘘再三。张大千决定在北平买一处房屋。他看中了索价 500 两黄金的一处清代王府，交付定金，却未买下，原因是北平不断有古代名画字迹现身。抗战结束后，溥仪从宫中带到东北的藏画散落民间，此时回流北平，这些深宫藏画皆是精品。一天，张大千从一位古玩商人处得知北平玉池山房购得一件珍品《韩熙载夜宴图》，便在朋友陪同下去见玉池山房掌柜马霁川，马霁川和张大千认识，见张大千到来，拱手相迎道："张八爷来啦，有失远迎。"在张大千急切询问下，马霁川打开锦缎层层包裹的画作，看见这件珍稀作品，张大千心绪激扬，用他的话讲"观后为之狂喜"。立刻与马老板商议价格，最后议定 500 两黄金，刚好是买宅子的价格，张大千先将画带回家里，通晚细细观赏研究，爱不释手。《韩熙载夜宴图》是中国画史上的名作，以连环长卷的方式描摹了南唐巨宦韩熙载家开宴行

顾闳中《韩熙载夜宴图》五代

乐的场景。韩熙载为避免南唐后主李煜的猜疑，以声色为韬晦之略，每每夜宴宏开，与宾客纵情嬉游。此图画的就是一次韩府夜宴的全过程。这幅长卷线条准确流畅，工细灵动，充满表现力。顾闳中是五代江南人，后主李煜派他深夜潜入韩宅，打探韩熙载背后的情况。顾闳中心里明白，韩熙载这种沉湎声色、消磨时光的做法是力求自保，表示对权力没有兴趣，以达到免受皇帝迫害之目的。凭着敏捷的洞察力和惊人的记忆力，顾闳中把韩熙载家中夜宴过程默记于心，返回后挥毫作画，一幅传世精品因此流传下来。

《韩熙载夜宴图》总共有 40 多个神态各异的人物，个个性格突出，神情描绘自然。据说《韩熙载夜宴图》当时有两幅，另一位画家

百年巨匠 张大千 Century Masters Zhang Daqian

周文矩所绘的画作后来散佚。《韩熙载夜宴图》最早藏于宋宣和内府，后散落民间，清时又收进宫里，后被溥仪偷携出宫带至东北伪满政府，藏于"小白楼"内，后散佚。张大千最终以 500 两黄金将这件名画收购，并为《韩熙载夜宴图》一画刻印一方："东西南北只有相随无别离。"钱用来买画了，买房只能搁置，张大千一如往常，借居颐和园。

张大千鉴赏古画目光犀利，极为自信，这与他早年打下的基础密不可分。1924 年，张大千在故宫博物院古物陈列所担任国画老师时，就与时在故宫担任古物馆馆长的著名文物专家徐森玉相交甚好，二人也时常在一起研究探讨古代字画。徐森玉是我国著名的文物专家、文献学家，曾历任奉天测图局局长、清廷学部图书局编译员。民国建立

百年巨匠
Couon
Masters
张大千
Zhang
Daqian

抗战胜利后与友人在北平

后，他接替李大钊任北京大学图书馆馆长。1924年11月，他参与清
室善后委员会工作，担任故宫博物院古物馆馆长等。1937年"七七事
变"前后，徐森玉主持故宫文物南运，为保护故宫文物立下功劳。而
张大千的老师曾熙、李瑞清也喜收藏，具有丰富的收藏经验，张大千
亦学得不少。随着日后不断打拼，走南闯北，他结识了不少民间藏家
高人。日积月累，张大千练就了一双火眼金睛，鉴赏古画眼力非凡。
1951年，张大千回到台湾，好友台静农陪他去参观台北故宫博物院。
博物院院长庄慕陵专门接待，台静农回忆说："每一名画到手，随看
随卷，亦随时向我们说出此画的精微与源流，看画速度不免为之惊
叹。可是有一幅署名仇十洲的着色山水画，他却说是赝品。他不但看
得仔细，并且将其画结构，即某一山头、某一丛林、某一流水的位置
与颜色，都分别注在另一纸片上。这一幅画，他在南京仅过一目，却

《荷花》1954 年

董源《江堤晚景图》 五代

早已将其不同于其他名迹之处记在心中，这次来一温旧梦而已。由这一事，我看出他平时如何用功，追索前人，虽赝品也不放过其艺术价值。"台静农，安徽人，著名作家、文学评论家，书艺精湛，是张目寒的同乡好友。1936年，台静农在张目寒家和张大千相识，两人成为挚友。

受曾熙、李瑞清两位恩师影响，张大千开始收藏历代名家作品，十多年间，收藏作品颇富。仅1938年从北平逃离后，运回的藏画就有200多件，这些藏画后来编印成《大风堂画目》。其中石涛作品有40件，八大山人作品31件，还有毕宏、文同、易元吉、法常、赵文敏、黄大痴，以及金冬心、华新罗、吴小仙、沈石田、董文敏、陈洪绶等，共计190件作品。抗战胜利后，张大千连续收得名作。1946年在上海期间，张大千又收得五代董源的《潇湘图》《江堤晚景图》等。与此同时，他又相继收得《溪山无尽图》、元代钱选《明妃上马图》、明代沈周《铜宫秋色图》等，还有一批书法墨迹，如北宋张即之的《杜诗二选》、赵孟坚《自书梅竹三诗》等。

# 重返上海

　　1946年2月，张大千与四哥张文修及四嫂由北平返回重庆。8月，与夫人、四哥、儿子保罗、女儿心瑞、大风堂弟子何海霞、肖建初、王永年、胡梦痕、川剧名演员周企何等一行20余人登峨眉山游历。这是张大千第三次游峨眉山了，历时一月余。大家一路走，一路游，观风景，画写生，晚上聚集灯下，谈画说理。张大千说："一个画家，必须对绘画对象有深厚的感情，要对山水人物不断深入研究，而写生游历非常重要。游历不但是绘画创作的源泉，还可以窥探宇宙万物全貌，养成宽阔的心胸，所以，行万里路是必需的。"

　　以峨眉山为题材，张大千画过不少作品，其中大幅山水《峨眉全景》气势宏阔，景象万千。画作于千岩万壑之中点出峨眉金顶、千佛顶、金刚台等胜景，山石寺庙皆用金粉勾勒，雍容华贵，霞蔚云蒸。从中能感受到山泉奔鸣的欢快，上题"五岳归来恣坐卧，忽惊神秀在西方"。张大千说："中国画的山水不同于西方模拟自然的方式，而要求有山林之气，要表现山林的特征，比如华山要突出一个险字；黄山突出一个奇字；衡山罗浮，草木荟翳，突出一个厚字；青城突出幽；峨眉突出秀；剑阁突出雄。总之，要从共性中求个性，把握住个性，才能有独特的面貌。"

陈巨来

《峨眉三顶》

《峨眉山》

游峨眉归来，受上海友人邀请，张大千赴沪举行画展。这次画展，着实让老友、篆刻家陈巨来忙活一阵。张大千有一个习惯，每隔5年，便将所用名章全部更换，一是为了面目出新，二是怕有人仿制自己的画作。由于来上海匆忙，所携画幅较多，大都没有钤上印章，张大千嘱托陈巨来在15天内赶刻60方印章，以应急需。陈巨来通宵奏刀，日夜赶制，终于在两周之内刻竣。这60方印全用象牙佳料，其中刻有元朱文、宋满白等多种印文。张大千观后非常满意，允诺陈巨来今后索画，不取酬。张大千和陈巨来相识于1927年，之后交往甚密。陈巨来幼承家学，篆刻初从嘉兴陶惕若，1924年，又拜一代宗师赵叔孺先生为师。乃师叔孺曾夸赞陈巨来"刻而醇厚，朱元文为近代第一"。

张大千在国内声名响亮，敦煌之行，名气加重，画价日趋上涨，超过了同时代其他画家许多倍，可谓鹤立鸡群。1946 年的上海，抗战胜利，国民情绪高涨，文化氛围很浓。张大千办展之前，溥心畲、齐白石等相继办过画展。张大千画展售价每幅高达 500 万元，同一时期，黄宾虹的一幅山水亦仅售几万元、十几万元，与 500 万元的巨额数字相去甚远。这样高的标价，招致一些人的非议，"能够标出如此之高的画价，可见张大千对自己出售的作品心中是有底的"。

1947 年，张大千连续举办画展，先后在西安、上海、汉口、泰国办展，与此同时，出版了《张大千临摹敦煌壁画第一集》，《张大千居士近作》第一、二集并被聘为北平艺专名誉教授。

《珍帚斋图》1946 年

1948 年，张大千偕新娶夫人徐雯波再次前往上海办展。徐雯波是张大千女儿张心瑞的同学，据张保罗讲，早在邛县小城租住时，14 岁的徐雯波就常来张家玩，两家是邻居。徐雯波是张家人看着长大的。她和张心瑞、张心庆、张保罗都很熟。"因为家里穷，父母又不在了，便过继给这一户人家。"那时，黄凝素刚好怀着孩子，个性开朗的黄凝素很快和徐雯波的继母相聊起来，一来二往，两家熟悉。张大千和徐雯波的结合，黄凝素很痛苦。她和张大千共同生活了 25 年，为张家生养了 8 个子女。张大千常年在外，独处的黄凝素心中渐渐哀怨，终日以打牌消磨时光。期间，她认识一位职员，慢慢有了感情，遂和张大千离婚。

百年巨匠
张大千
Century
Masters
Zhang
Daqian

《水月观音》1945年

在上海，张大千和徐雯波住李秋君家，新朋旧友再次欢聚一堂，张大千亲自下厨做菜待客，烹鱼调羹为朋友们助兴。

张大千在上海连续两次办展，影响甚大，报界盛赞张大千"丹青妙笔夺天工"，同时，画界亦流传"欲向诗中寻李白，先从画里识张爰"的诗句，将张大千比作"画中李白"。

那一年，在上海办过画展后，张大千又赴南京、香港举办画展，每次画展都有大量观众参观，花重金购买。有人试着估算，几次画展下来，张大千卖画收入竟然相当于市面的一百多条黄金。张大千画作售价高，来自于张大千出众的画技、响亮的名声，同时也因为其超然不羁、广交善缘的性情。从敦煌回来，张大千身背债务，却在短短两年间储蓄黄金500两，购买古画，可见其卖画速度。1945年10月，张大千所临敦煌榆林窟壁画《水月观音》在成都展出时，达官贵人、古董商人、字画收藏家竞相购买，一时喧腾吵嚷，争执不下，最后省政府主席张群出面调停定夺，将《水月观音》卖给新都县。县里决定将此画作放置宝光寺内。《水月观音》送达宝光寺时，方丈率全寺僧众隆重迎接，举办法会。最后供奉在方丈室旁的小客厅。当天下午，藏经楼下明月堂再摆荤素大宴，以示庆贺。

张大千善经营自己，亦善调理各种社会关系，就像傅申先生说的："香港一个特别有名的社长，决定收藏他的一批画，这些画卖了很高的价钱，都是与他很好的朋友们买的，他真是各方面很周到的一个人，也很四海的一个人。"

我们知道，画作的好坏，金钱不是唯一的证明，徐渭、陈洪绶、高更、凡·高等生前都很穷困潦倒，却不能遮蔽他们艺术的光辉。大概每个画家都有自己的天缘。张大千14岁时就有卖字经历。张心廉说："爸爸说他14岁时，家里情况慢慢好了，妈妈就给他做了一双新鞋，过年嘛，那个时候，农村给小孩做鞋就做大一点，因为小孩会长嘛。大年三十，他穿着新鞋跑出去了，跑到内江的城墙上玩。那个时候的城墙有的地方塌掉了，很多穷人家的房子搭在城墙上。因为鞋子大，他一步踏到人家的房顶上，鞋子掉下去，掉人家饭锅里。除夕啊，人家家里要团圆，要吃饭的，人家就把鞋提出来说：'我要找你妈，告你的状去。'他吓坏了，拉上一个小伙伴就跑。先悄悄跑回家，把旧鞋穿上，再跑出城去，找了一家旅店住下来，他住下以后对老板说：'大年除夕啊，你们家里怎么没挂个对联啊？'人家说：'我们想挂啊，不认识字啊，没人写。'他说：'我给你写，老板你把笔纸弄来。'写了以后老板说'这不错嘛'。张大千是一个很有生意头脑的人，他说：'你们附近有没有人愿意写的，我给他们都写。'这老板就去找，很快就来了很多人。因为那个时候乡下人都不识字，他每写一副收一个铜板，写了一天。到晚上他就收了很多钱了，那个同学就帮他数钱。第二天又写。一个邻居从那儿路过，一把抓住他说，'张老大你在干什么？你妈妈到处找你'，就把他们给抓回去了。他说这是他第一次'卖字'。"

随着年龄增长，社会历练，张大千愈发老练智慧，处世圆融，营造出良好的卖画市场。20世纪曾有人指责张大千是"三分画事，七分人势"，这些言论也是各家己见，难免失之公正。张大千作画刻苦，也喜结朋友，这是他的自然性情。在张大千结交的朋友中，许多都曾给予张大千有形无形的支持和帮助，即使是一次平常的聚会，也

《仿宋人笔古木幽禽》1947 年

有朋友推崇助长张大千的人气。就像一次张群在成都宴请张大千和山西画家董寿平，期间有国民党军政大员陪同，在场的一位国民党官员恭维张群政绩可垂青史时，张群却说："你过奖了，自古以来政坛上的人物辅弼领袖，除非有功于生民，如管仲、诸葛亮可名垂青史，其他人几乎全被遗忘了。可是名画家和名写家如张大千、董寿平，如王羲之、赵孟頫，他们的成就使人百世难忘。我怎能与张董二人相比拟？"当然，张大千优异的画艺也无愧于张群的夸奖。

在这个世界上，你可以苛求艺术，却不能苛求社会百姓。因为社会是由各阶层百姓组成，不同阶层的人士对绘画的认识都站在自己的维度上，生命本来就是千差万别的。张大千自是懂得江湖有多大，懂得一个画家的生存之道。魏学峰说："张大千的性格也有他矛盾的东西。他骨子里面是向往像高士一样的那种淡泊、宁静的生活，但是在那样一种状态下，他要扩大自己的影响，就要参与一些世俗的活动，所以说张大千就是徘徊在入世跟出世之间，一生都是这样。"

关于金钱，中国文化有自己的认识，所谓"知地取胜，择地生财""发家致富"是古人教给后人的文化智慧，逢年过节，红底烫金"恭喜发财"的条幅便会悬挂在每家门口，祝福家家生财，享福人间。但是，中国人的金钱观、价值观很复杂纠结，本质深处又讲求超然脱世、清心远逸的林泉之心。社会本是充满矛盾的复杂体，金钱是驱使社会运转的润滑剂。20世纪60年代，活跃于美国的著名画家安迪·沃霍尔说过这样一句名言："艺术为金钱而活着。"当代艺术家对于金钱的认识可谓更加露骨。20世纪中叶，美国资本主义社会进入新的发展阶段，经济社会的快速发展，致使社会百姓形成新的价值观。张大千是一位职业画家，他不能不食人间烟火，他要考虑一大家人口的吃饭问题，养家糊口，是大丈夫义不容辞的责任。张大千本人也是出手阔绰，花钱如流水，20 世纪 50 年代中期在日本期间，他对画店老板以及照顾他生活、工作的日本女孩付费就很大方，从不抠门。张大千喜欢排场、张扬，晚年，他在巴西耗重金建造八德园，迁居台湾后再建豪宅摩耶精舍，坐林肯豪车。他去世后家里并无积蓄，无钱办理丧事，最后由好友张群和台湾省政府出资办理，当然，家中的古画收藏他也无偿捐献政府，被人称作"富可敌国，贫无立锥"。

# 荷花表情

1948 年底，国民党军节节败退，解放军已经占领北方大部分地区。成都当时虽在国民党管辖之下，但也是人心惶惶。物价飞涨，"学潮""工潮"不断，张大千心思烦乱，不能静心作画。恰逢香港邀约办展，入秋时节，张大千偕夫人徐雯波赴港。此次展画多是敦煌临摹作品，办展期间，张大千去澳门朋友家小住时日。回到香港，时有朋友拜访。

这天，张大千迎来一位神秘的客人，报出姓名后，张大千赶紧起身迎接。来人是何香凝大姐。何香凝是国民党元老廖仲恺遗孀，也是张大千敬重的大姐。早在 20 世纪 20 年代，上海"寒之友社"成立，二人就是会员。何香凝与张大千的二哥张善孖是亲密战友，1933 年 3 月，何香凝的儿子廖承志被国民党秘密拘捕，张善孖曾积极帮助营救。作为中国革命元老级人物，何香凝画得一手好画，所画梅花、老虎声誉四海，花鸟、山水笔致圆浑细腻，色彩古艳雅逸，意态生动。时隔 20 余年，再见大姐，张大千倍感亲切。何香凝告诉张大千："北平已经解放，不久全国就要解放，共产党正在积极筹备召开第

《荷花》

《摩柯折柳图》1948 年

一届政治协商代表大会，我很快也要回去，想征寻你的意见。"何香凝突然造访，张大千多少有些预感，此时，香港表面平静，其实许多民主人士都在悄然准备，等待即将成立的新中国的召唤。

张大千最终没有答应何香凝大姐的邀请，或者说没有答应新中国政党的邀请。多年后，有人说张大千对共产党一直是怀有敌意的，他的学生刘力上却说："张大千在政治上是一个无党派人士，他无求于国民党，所以也不参加国民党，与国民党的关系也不亲近，与国民党一些上层人物如于右任、张群、罗家伦等有私人交往，也仅仅是艺术之间的交往。因此，不能将他的离乡赴台看作是投奔国民党。"关于张大千为何没有回到大陆，叶浅予看得更为清楚。他说："1949 年，蒋介石政权已退居西南一角，作为自由主义艺术家，又依恋于中国半封建半殖民地特有的社会关系，对中国即将到来的社会主义革命他不但不能理解，而且会有反感。原因很简单，他怕在即将来临的新社会里，没有他的用武之地，达官贵人还是需要他的，他们最后把大师带

走了。"

　　那次，张大千没有答应何香凝的邀请，却为新中国领袖毛泽东画了一幅《荷花图》，并题字"润之先生法家雅正"，托何香凝带回北京。后来，在人民美术出版社出版的《毛泽东故居藏书画家赠品集》中，此作品被收录。张大千因何为新中国领袖画荷花？这是因为张大千喜爱荷花，他认为荷花有出淤泥而不染的品格，荷花也颇适合传统笔墨的表现样式，所以，当何香凝提出这一请求时，张大千自然想到画荷花。

　　同年4月，张大千接到徐悲鸿

《策杖独步》1948年

的来信，邀请他去北平，参加新中国文艺工作者筹备工作会议。张大千知悉徐悲鸿继续担任北平艺专校长，也知道了徐悲鸿将和郭沫若、翦伯赞、郑振铎等一起去布拉格参加第一届保卫世界和平大会。同年9月，徐悲鸿再次来信邀请，聘请张大千担任北平艺专教授，并许月薪三千斤小米，这在当时是最高薪水。张大千依然没有答应，毕竟一大家子，夫人就有四位，儿女成群，这点薪水对张大千而言仅是杯水车薪。此时的张大千内心复杂，甚至烦乱。社会的突变，为何使得闲云野鹤的张大千反倒不自在起来，这的确是一个谜，也是张大千心里的秘密。张枭说："那一年，父亲心情极为不好，回到家里总是板着脸，发脾气，一次拿起一个大扫把要打我和张心智，二人就离家出走。到哪里去没有方向，最后跑到兰州，投奔张心智的老丈人鲁大昌。此时彭德怀的一野大军很快兵临城下，鲁大昌说：'你们胆子太大，怎么跑到这里，我还没地方去呢。'"后来二兄弟返回途中遇到一野大军，因二人都会乐器，双双参加了解放军，都是文艺兵。张枭转业在甘肃省文联，张心智去了宁夏。

第三章 漂泊羁旅

张大千是我国二十世纪最为辉煌的艺术大师之一，他对传统中国山水画有了一个推进、一个提升，或者是个人的拓展创新，总之是影响了一代人的。大师离去已经近三十年，随着时间的推移，张大千和他的绘画将永远镌刻在中国绘画历史的记录册里，被后来的人们观赏，获得美的感动。

# 离开大陆

　　张大千还是想去台湾办画展。1949 年 9 月，他到达台湾。此时的台湾一片混乱，大陆撤下来的国民党官员都忙着安营扎寨，生活极不稳定。张大千心绪焦虑，好友于右任此时也从重庆飞到台湾，因为走得匆忙，连家人也没带来。见到张大千后他说："四川马上就要被共产党占领了，赶快回去接家人吧。"张大千更加焦急。此时台湾省主席兼东南军政长官的陈诚得知张大千在台湾，便邀请张大千吃饭，同席的还有张大千的老朋友溥心畬。原来陈诚一直仰慕"南张北溥"，恰好二人都在台湾，便设宴招待。席间，张大千向陈诚讲了自己的困境，陈诚很热心，很快给张大千搞到一张回四川的机票，并说："亏得你现在说，不然过几天就来不及了。"溥心畬也为老友着急，此时他已在台湾落脚，并决定定居。

　　四川已是今非昔比，国民党残存的最后一点势力岌岌可危，回到四川的张大千发起愁来，面对一大家人，张大千不知如何将他们带走。张大千找到时任西南军政长官的张群，请求帮助。张群还是给老朋友面子，在极为困难的条件下，硬性挤出三张机票，并将张大千带不走的文物随后托运至台湾。三张机票只能走三个人，张大千最后决定带徐雯波和黄凝素所生的小女儿张心娴，当时张心娴年仅 3 岁。时隔 63 年，2011 年，张心娴见到《百年巨匠》摄制组时说："我觉得当时爸爸是很想带大家走，不过那时候好像也没有别的办法。我听到爸爸讲，几个儿女是想跟着走，想起来很可惜，他们都不在这里，爸爸跟我们讲过。"

　　徐雯波很大度，留下亲生的一双儿女。关于那次离行，保罗说："天气吧，还算正常，据说那天天没亮，因为成都的飞机场很远，那个时候公路也差，他坐车子去飞机场，是中央银行的车子送他去的，到了机场的时候，人就很多了，飞机留有他的位置。飞机上面有四川几位军阀的太太，家眷嘛，只有这四家人。"保罗还说："当时父亲手中抱着古画文物，有个国民党官员对他说，到了台湾交给国家。"有记载说：张大千上飞机之前，飞机行李已经超重，仅阎锡山座位底下就放了满满的几箱黄金，严重影响飞行安全，众人正试图劝说其舍弃一些。张大千坐着小汽车急匆匆地最后赶来，带来几大箱的敦煌临摹壁画。同机的教育部长杭立武深知这些文物的价值，权衡之下，他做出了一个重大决定，把自己的两箱行李扔下飞机，里面有自己毕生的积蓄 —— 20 两黄金。条件是张大千携带的这些敦煌壁画将不属于他个人，而要捐给故宫博物院，张大千爽快地答应了。很久之后，杭立武才得知，自己用毕生积蓄换得的这 78 幅画作中，只有 62 幅是敦煌临摹壁画，其余 12 幅是张大千的私人珍藏。而后来，张大千又将这些画作借到巴西、印度展览。1969 年，张大千才兑现承诺，将画捐给台北故宫博物院。

《巫峡云帆》1950 年

　　到达台湾后，张大千很快感到台湾不欢迎自己，遭

百年巨匠
Century
Masters
张大千
Zhang
Daqian

《竹园精舍》1950 年

到各方"冷遇"。国民党方面以"亲共人士"不予接纳，"罪名"是"为毛泽东献画"。张大千陷入前所未有的两难境地。亚里士多德说："人是政治的动物。"每个人都脱离不了社会环境的制约，艺术家也是社会的一分子。张大千一生与政治若即若离，凭着智慧游刃于社会场面当中，就是一个目的，好好画画，挣钱生活，享受生活。张大千热爱画画，他想画出一片大天地来。此时，在政治的旋涡里，他试图以自己以往的经验、对江湖的认识协调这一悬而未安的困境，给毛泽东画荷花也是为了日后寻个方便。不留后路，将来如何见到家人？但是，这次他错了，他陷入了深潭。毛泽东说过："不是东风压倒西风，就是西风压倒东风。"中间地带是立不住的。张大千不想回大陆，台湾又不欢迎他，无奈之下，他选择了离开。到哪里去定居，一时难以确定。

车到山前必有路，一个机会降临。老友罗家伦此前为张大千筹备的印度画展将要开幕。1947 年，罗家伦担任国民政府驻印度大使。到任后罗家伦曾积极张罗张大千赴印度办画展。原计划在 1951 年展出，但罗家伦觉察到印度政府有承认共产党管辖之下的新中国的可能，便希望将原定于 1951 年的画展提前至 1950 年，张大千当时同意这一考虑。罗家伦的判断很正确。在张大千赴印度办展后不久，印度政府承认了中华人民共和国，国民党驻印度使馆只得降旗撤回台湾。

# 寓居印度

1950 年春，张大千赴印度办展，同
去的还有夫人徐雯波。这是张大千首次
出国办展。在新德里，"大千画展"隆
重开幕，展览持续了一个月。结束后，
张大千偕徐雯波奔赴文达雅山，游览了
印度著名佛教石窟阿旃陀石窟。阿旃

1950 年友人送张大千赴印度

陀石窟相传开凿于公元前 2 世纪，前后
历时有一千年，现有 29 窟，分为建筑、雕刻和壁画。其中以壁画最为
世界瞩目，是印度古代壁画的重要标志，晚期壁画更是达到印度古代
绘画艺术的极致。早在 1941 年，在临摹敦煌壁画时，对敦煌壁画传
承于印度还是来自于中国本土，张大千就与范振绪老先生有过探讨。
此次亲临佛教圣地，感受印度佛教壁画，张大千内心感慨，终于可以
找到悬置已久的答案。在阿旃陀石窟，张大千待了三个月，对石窟壁
画进行了认真的考察研究，并临摹了石窟部分重要壁画。他说："自
己原先的见解是正确的，敦煌艺术是我们自己的。我所持的最大理由
是，六朝时代在敦煌留下的绘画法，是从四面八方下笔的，而印度的
画法甚至包括西洋的画法，他们的透视仅是单方面的。何况敦煌显示
的人物、风格和习惯，都是我国传统的表现。再说印度与敦煌壁画的
工具，也有不同。举例来说，敦煌壁画之佛经故事，所绘佛降生传中
的印度帝王与后妃等，亦着中国衣冠，画中的宝塔，也是重楼式的中

国塔。这是吾赴印度印证的一大收获。"

张大千曾经考虑在印度长期居住，由于新德里气候炎热，他将居住地选择在印度和尼泊尔交界的大吉岭。大吉岭属喜马拉雅南麓山脉，山峰雄伟，林木葱茏，景色兼青城、峨眉两山胜景，可谓别有洞天。在气候凉爽、环境幽静的大吉岭，张大千安下心来，埋头作画，创作了不少精品。其中，《大吉岭风光》三幅，《拄杖听泉图》《飞瀑图》《印度歌女》《红叶小鸟》《红叶图》，并临摹《仿临石涛山水》《仿赵大年山水》《仿燕文省楚江秋小图》，尤其是对董源的《江堤晚景图》，他竟仔细临摹了两遍。同时他还作了许多诗歌。张大千早年诗歌多承谢玉岑支持，画作题跋也多有谢玉岑参与修正。真正进入本人创作的诗歌高峰应该分为两个时段，大吉岭一次，巴西八德园一次。由于大吉岭地处偏远，无人打扰，张大千诗意盎然，从他在大吉岭创作的诗稿中可以看出，好多处都有悉心改动，可见其认真投入

百年巨匠
Century
Masters
张大千
Zhang
Daqian

《印度歌女》20 世纪 50 年代

《印度歌女》20 世纪 50 年代

的态度。不过这样的心绪持续不久，张大千心绪开始烦乱，原因是见不到一个能够说话的人，仿佛栖息在一个真空里。他没有接到任何信件，无论是大陆，还是台湾的信件，这对于喜欢交朋友的张大千来说，苦涩难耐。有人说张大千是耐得住寂寞的人，比如他在敦煌临摹壁画，能够面壁石窟，坚韧不懈。但是，此时非彼时，心绪体验并不相等，一个是在热情驱使之下，伴随着创作中的兴奋，强烈的期待；一个是异国他乡，没有希望，遥远的孤寂，不能同日而语。"万重山隔衡阳远，望断遥天雁字难，总说平安是家信，信来从未说平安。"张大千开始思念家人，也曾想返回大陆。据张心瑞说："他在大吉岭时，还跟我们来信说会回来的。后来到了香港，就再没有回来了。"

11 月，徐雯波临产，当地医疗条件不便，张大千送夫人去香港分娩。1951 年 3 月，张大千、徐雯波带着出生三个月的孩子回到大吉岭。1951 年 7 月，大吉岭发生地震。张大千寓所竟飞来一块巨石，压在门前。张大千觉得印度不是久留之地，便匆匆撤离回到香港。是年，张大千在香港举办"张大千画展"，展出作品有不少印度新作。

1952 年 2 月，张大千远赴阿根廷办展，展览结束，在阿根廷观景会友。回到香港，张大千做出一个惊人的决定，他要出售三件国宝，并将出售目标定在台湾。三件国宝是五代董源的《潇湘图》卷，顾闳中的《韩熙载夜宴图》和宋刘道士的《万壑松风图》。张大千专程赶赴台湾，放出风来，看看抛出的"绣球"有谁来接。台湾藏家听到消息都很吃惊，深知三件藏品是"大风堂"镇宅之宝，张大千为何出手，猜测疑问接二连三。但是，无论官方还是藏家，最终没有谁接这个"绣球"，张大千只好返回香港。

回到香港不久，张大千获知消息，大陆方面有意收藏三件藏品。张大千在台湾抛"绣球"的消息，大陆很快知道，国家文物局局长郑

百年巨匠
Century
Masters
张大千
Zhang
Daqian

郑振铎和夫人高君箴

振铎心急如焚，向周恩来等领导汇报此事，领导指示一定想方设法将三件国宝收归国有。郑振铎赶紧联系香港银行高层人士徐伯郊。徐伯郊是徐森玉的儿子，1924年，张大千在故宫博物院担任古物陈列所国画老师时，熟识徐伯郊。而徐森玉和郑振铎亦曾为同事，两家关系非常好，徐伯郊是郑振铎看着长大的，知根知底。抗战期间，徐森玉保护故宫文物南迁，一路跋山涉水，历经险阻，以致身体致残。途中因土匪扣压文物，徐森玉将儿子徐伯郊当作人质交换出文物。时过境迁，此时的徐伯郊在香港工作，并为新中国的文物收回做了不少工作。新中国成立后，新一代领导人对国家建设极为重视，对文物工作也是关怀有加。1950年，香港文物市场出现反常，显得极为"热闹"，所拍卖文物多是从大陆流散过来。在周恩来的关注下，郑振铎出面组织相关人士成立了"香港秘密收购小组"，通过在港的徐伯郊联系收回一批重要文物，其中有被光绪皇帝的宠妃瑾妃带出宫的三希堂中的两帖《伯远帖》和《中秋帖》等。

带着郑振铎的重托，徐伯郊去见到张大千，见面自然高兴愉快。作为晚辈，徐伯郊开门见山，讲明来意。张大千最终同意将国宝出售大陆。三件国宝级藏画以四万元低价收回大陆，所花费用远低于香港古字画市场行情，仅合当年购画原价的四分之一。收画圆满解决，郑振铎非常高兴，他曾对张大千在敦煌剥落壁画一事多有怨怒，现在他说："张大千不错嘛，这几张画本来他可以卖给外国人，价钱还可以更高，但他愿意卖给我们，给自己的祖国。像这一张画很早就能卖好几万。现在就是无价之宝！"

张大千没有把文物卖给外国人，也表达了他的爱国情怀。内江张大千纪念馆馆长胡红雨见到记者感慨地说："张善孖是从内江走出去的一位非常爱国的、非常受人尊重的大画家。在张善孖的熏陶下，大千先生19岁离开内江后，他的那种民族气节、家乡情结都是很重的。"名画出手之后，徐伯郊和张大千往来频多，关系一直很好，徐伯郊40岁生辰，张大千还精心画了一幅《散花天女图》以示祝贺。

张大千为何要将三件珍爱藏画出手，原来是因为他已有定居国外之意。移居他国，需要一大笔费用，故出售三件珍藏。此时的张大千，意识到台湾不欢迎自己，大陆他又不想回去，用他自己的话来讲，要找个清静之地专心画画。他说："在异国他乡没有人打扰，可以免去很多应酬，对绘画可以进行更深入地思考，多画一些能够传世的作品。另外，中国历代名迹、书画墨宝流失于国外的很多，在国外可以方便学习。中国绘画一直没有在世界造成大影响，我移居海外，可以方便交流，并让西方了解中国绘画的深奥。"当然，张大千做此决定，也是由于内心孤傲，不甘就此境遇，他要在国外做一番大成就，在国际上成名。当然，"采菊东篱下，悠然见南山"之清高也时伏于心，遇到政治挤压时，向往林泉之心便油然而起。举家迁居他乡，花费自然不少，踌躇再三，张大千决定将所藏名画出手。当然，张大千内心掂得起三件国宝的分量，为了不使名迹落入外邦，张大千把目标定位在台湾，台湾没有回应。出售给大陆他也踏实，至少不会招致千古骂名。三件作品张大千曾用心钤上"别时容易相见难""大风堂珍玩""南北东西只有相随无离别"。

张大千个性好强，身上具有一种超强的大气，既能弃房买画，又能将画交还国家，可谓该出手就出手，亦能看出张大千处理人生大

《散花天女图》1953 年

事上的成熟和老练。据张大千的孩子们说："爸爸总是囊袋空空，身上经常没有钱。向他要钱，他就画一两幅小画交给我们，让我们去卖掉。"巴东先生说："我想张大千是这样，他跟一般画家或一般人不太一样的地方，就是我们一般会受到很多的限制，而他是一个胸襟气度很大的人。他的生活方式，几乎没有限制，所以称他为张大千，大千是'大千世界'的一个意思。我们很多人会崇拜他，认为他的生活很有品位、很豪奢。其实他的花费很大，但他并不是一个奢侈的人，怎么讲呢？他也过很清贫的生活，可是他必须在清贫生活里面，要过得很有品质，所以他是可以到山里面隐居的人，诸位知道隐居是件不太容易的事情。他可以到山里面一待好几年，比如说到印度，比如说到青城山，他可以隐居一年两年三年。对一个五光十色的人来讲的话，是要能够静下来。他的生活方式是这样，就是我们一般人，比如说像我们吃饭的时候，他也许不需要花费很大，可是他不能够忍受在吃饭的时候，用一些塑胶碗盘、便当盒啊。"

# 迁居阿根廷

百年巨匠
张大千
Century
Masters
Zhang
Daqian

1952 年 8 月，张大千举家迁居阿根廷，香港各界及弟子四十余人设宴饯行，并摄影留念。张大千偕夫人、子侄等一行人踏上远赴阿根廷的旅程。由于这次乔迁准备充分，一大家口所携箱子数以百计，声势浩大，气势不凡。加之此前在阿根廷办展造成的影响，张大千过境一路顺利，到达目的地后，很快安置好家小，过上了惬意生活。此前，张大千已经联系安排，在距首都布宜诺斯艾利斯不远的多萨小镇，租下一座二层花园楼房，名曰"昵燕楼"。楼下花园面积有两亩地大，张大千在园内栽种松树、杨树、扁柏、柳树，还有樱桃，同时种了许多花草，养了 6 只黑白猿、波斯猫、几只犬等。

初来阿根廷，张大千很开心，他给台湾的老友张目寒写信报告了自己的境况，信中特意附上新画的《移居图》，并题下诗句："且喜移家深复深，长松拂日柳垂荫，四时山色青易画，三叠泉声淡入梦。客至正当新酿热，花开笑倩老妻簪。近来稚子还多事，暗绿篇章学苦吟。"作为张大千的挚友，张目寒内心为老友高兴，他将这幅画分别示与溥心畲、台静农、黄君璧观看，三人均是张大千昔年好友，也是高兴不已。溥心畲想到老朋友三年多来，在香港、台湾地区以及印度大吉岭四处漂泊，此时又落居阿根廷，心下不禁怅然，特意写下这样的诗句："茫茫中原乱不休，道穷

张大千作画

桴海尚遨游。夷歌革服非君事，何地堪容昵燕楼？"

在阿根廷，张大千受到阿根廷总统贝隆及夫人的接见，并表示对张大千的欢迎。日子渐渐平静，张大千开始静心画画。此间，他还去了美国、日本等地游览，亦曾回台湾与老友相会。1953年4月初，张大千去美国观光，在友人陪同下参观了波士顿博物馆，该馆收藏的中国书画极多，其中有阎立本的《历代帝王图》，张大千看毕赞叹不已。之间，他惊奇地发现该馆收藏了自己的一幅清代仿画，笑着指出来。参观过后，张大千送给

《振飞小像》1952 年

该馆一幅自己画的《峨眉山水图》。张大千还参观了哈佛大学中文图书馆，这个馆是美国收藏中文书籍最多的图书馆之一，张大千看到该馆收藏有自己家乡的《内江县志》。之后，张大千去日本游历，期间，结识日本少女山田，山田是日本一个叫作"喜屋"的画店老板介绍给张大千的。张大千常去"喜屋"购买画材，且从不讨价还价，深得老板喜悦，渐渐相熟起来。说到这一段，黄天才先生甚为兴奋，如数家珍地娓娓道来。黄天才是台湾资深记者、作家、收藏家，同时也是张大千晚年的挚友，相处密切。曾于1998年出版《五百年来一大千》，书中详细介绍了张大千晚年的生活。黄天才说："他跟这个'喜屋'老板很熟，所以他到日本来的时候，到东京啊，他一住就住很长一段时间。他住在那边画画的时候生活起居当然要有人照顾，所以'喜屋'老板就代他找了两位日本女孩子来招呼他。这位山田小姐是其

张大千在日本与山田小姐（前排右一）及友人合影

中之一。那么这两位小姐来陪他，他总是很大方地一个月或者一个礼拜给她们钱。"在日本期间，张大千与山田产生了感情。

在阿根廷居住一年之后，张大千心情开始郁闷，长期居留手续迟迟办不下来，总统贝隆突然下台，阿根廷方面终于明确表态，不予办理。张大千很是气愤，更让他伤心的是，侄子张心德肺病发作突然去世。张心德是二哥张善孖的孩子，曾随张大千远赴敦煌临摹壁画，如今随八叔来到阿根廷，不想却客死他乡。心绪低落的张大千给朋友写信倾诉苦衷："此间情形为二三无识所捣乱，且报告到台湾，真大笑话。弟初到时满以为即可领得永久居留证，竟不知弄到如此之地步。每一船到南美，日本人每成千移民，政府出钱出力，尽力推动。我国政府乃荒谬至此，做种种捣乱。到台湾不易，即使能去又如何生活？
避居香港势必将吃饭钱为外人刮个净尽，倘使赤焰飞临，不为灰烬，
即为利用，台湾之居心如此，不知其究有心返回大陆否？乃不肯留一
些元气，真令人百思不得其解也。"

新中国成立后，国家百废待兴，毛泽东带领下的第一代领导人信
心满怀，对于中国的前途和未来抱有极大的信心和热情，并在建国前
后，热情欢迎各方知识分子回到祖国参加建设。继何香凝、徐悲鸿邀
请张大千回大陆之后，毛泽东再托章士钊到香港邀请张大千回北京，
并许以北京画院院长职位。尽管张大千给毛泽东画了一幅荷花，托
何香凝转送毛泽东，但对毛的热情相请，张大千依然心存疑惧。这期
间，周恩来也委托徐悲鸿、叶浅予写信给张大千，请他回来参加新中
国建设。1951 年，张大千的四哥张文修到北京参加全国红十字会议，
徐悲鸿、叶浅予、于非闇、郑振铎等人到张文修下榻的北京饭店看望，
并转达了周总理的意见。张文修非常感谢，表示一定转告。张大千虽
然拒绝回到中国大陆，却同意三夫人杨宛君的请示，将自己临摹的敦
煌壁画 178 件作品捐献国家。周恩来获悉此事，曾问文化部领导："张
大千那批画付钱了没有？你去了解一下那批画的价钱。"

1949 年，张大千走时匆忙，将一部分敦煌临摹壁画落在家中没有
带走，走时叮嘱杨宛君保管。张大千在敦煌一共临摹 283 件作品，其
中 68 件作品后来捐给台北故宫博物院。对于张大千的回归，国家领
导人非常关注，当时不仅是周恩来，陈毅也多次问谢稚柳张大千为何
不回来。十几年之后，周恩来去法国参加国际会议，得知张大千也在
法国，再次邀请张大千回归祖国。据张心廉说："1962 年，张大千在
巴黎开画展，遇到周恩来总理出访法国，周总理听说张大千在巴黎，
就通过大使馆跟张大千联系，要约见张大千。张大千其实也一直非常

百年巨匠

张大千

Century
Masters

Zhang
Daqian

《山送图》

《忆远图》1952 年

思念祖国、思念家乡。周总理约见，他就去了。周总理动员他回来，说哪怕一时下不了决心回国定居的话，你可以先回来看一看。"

面对大陆热情邀请，张大千宁愿在国外飘零，却不愿回到大陆，其内心的冷静和把握事态的谨慎的确让人难以理解。当然这之后大陆的政治形势骤变，似乎印证了张大千的犹豫不决。但在建国初期的中国，百废待兴，群情激扬，有志之士都积极投身于新中国的建设。1950 年归国的吴冠中曾回忆说："因为国民党当时很腐败，这个政府我们是很讨厌的，那么共产党呢，我们也不了解，没有看过马列主义。但是，中国人民站起来了，我们是抱了很大热情回来的。"热情，是艺术家创造的原动力。张大千的热情在哪里，他心里在想什么？艺术家都有各自精神的自觉，张大千绘画的热情似乎总是与当下如火如荼的社会变迁相去甚远。就像 20 世纪之初的那股"五四"热潮，西风东渐，改良中国绘画，似乎都不能打动张大千，他只是埋头于自己的事物，画自己的画，与社会变化老死不相往来。正如魏学峰先生所说："这是一场大争论，很多艺术家都参与到这场争论中，但是，我们看到一个很奇特的现象，对于中国美术史有很深研究的张大千，没有参与这场争论，没有发表任何文章加入到这场争论当中。他当时是想用自己一个艺术家的艺术实践来证明这一切。"这样的证明来得那样晚，张大千几乎用了一生的时间，直至晚年创立了泼墨泼彩画风。否则，张大千的历史将会重写，抑或永远被人认为："张大千不过是一个临摹画家而已。"中国绘画必须经过一生的历练才能达到一座高峰，抑或是在孤独和寂寞之间，才能唤醒精神的自觉，或是"唯当澄怀观道，卧以游之"，才能萌发泼墨泼彩的创造。维特根斯坦说："把精神说清楚是一个巨大的诱惑。"张大千的精神在哪里，是在"八德园"吗？因为在八德园，时常有张大千"画画喽""画画喽"半夜忽起的声音，声音是那样激情！他内心到底向往着什么？

吴冠中

# 巴西建园

百年巨匠
Century
Masters
张大千
Zhang
Daqian

1954 年 3 月，张大千第二次去美国。返回阿根廷时，中途转道巴西看望朋友，朋友名叫蔡昌鸾，是张大千在澳门举办画展时认识的。蔡昌鸾，四川人，毕业于金陵大学，是一位农学博士和药用植物学专家，后从澳门定居巴西。在蔡昌鸾陪同下，张大千游览了巴西风光，经过圣保罗市附近，面对一片树木丛生的开阔之地，张大千忽然兴奋起来，"这地方很像我的家乡呀"。得知这块地方正待出售，张大千便决定移居巴西。这次移居，张大千慎重起来，阿根廷的教训使他意识到外国人如何在当地生存。他先去巴西政府有关部门，了解巴西移民政策，得知当地欢迎移民。20 世纪 50 年代，巴西民风朴实，对华侨友好，张大千下定决心来巴西定居。

在美国游览期间，张大千去了著名的尼亚加拉大瀑布，他穿上雨衣，在靠近瀑布下方的地方，观看瀑布从天而降的壮观情景。迁居巴西后，根据回忆，张大千创作了一幅《纳嘉纳福大瀑布》。

在巴西，张大千购买了 270 多亩土地，并亲手绘制了"八德园"建筑图稿。此时的张大千饱尝居无定所之苦，年逾半百，他似乎意识到该是享受天伦之乐之时。他对八德园的建设煞费苦心，对建筑的每个细节都仔细考虑，并大兴土木，前后耗去资金二百多万美元。此时的张大千仿佛找到了自己最终的归宿，他将买下的园子取名"八德园"。张大千解释说："因为我那个园子原先是别人农场，有一千多株柿林，我是以此命名。古人称：'柿子有七德'就是说柿子有七种好

张大千和徐雯波 张大千在八德园

处，一寿、二多荫、三无鸟巢、四无虫、五霜叶可赏、六可娱嘉宾、七落叶肥大可习字。后来我知道柿子的叶子泡水可以治胃病，再加一德，所以称'八德园'。"

　　建造家园，人人向求，自古皆然。《诗经》就有"囿"的记载。张大千一生颠簸，早在大陆时，就四处奔忙，为了闯荡天下，他没有一个真正属于自己的稳定住处，现在，年过半百的他对"建造家园"投入极高热情，这一热情保持了后半生，即使后来一度条件不好、地方狭窄的美国"可以居"他也是用心打造。从八德园的建筑风格来看，张大千追寻的是具有中国风尚的园林建筑，中国园林张大千并不陌生，早在1932年，居住苏州网师园期间，他对园中构造已是熟之又熟，山水楼台、门廊壁照、庭园格局尽在心里，网师园也是中国山水园林的经典建筑之一。颐和园听鹂馆，身处皇家园林，在"溪涧幽邃无声，云岗默伏未动"的静谧安闲里，张大千读书画画，感受园林世界特有的惬意。大概从那时起，张大千便寻思有朝一日建一座属于自己的园子。八德园成为张大千"园林"情结的归宿。

中国古典园林以追求意境为最终目标，以求达到"虽由人作，宛自天开"的自然境界。唐代山水田园诗人、画家王维，清代集文学艺术与造园理论和工艺于一身的李渔，都曾借园林追求文学意境。张大千也不例外，他对中国园林建筑情有独钟，多年浸泡在中国传统绘画里，对于中国文化非常熟悉，他要建造一座最为纯正的、最富中国古典精神的园林建筑。

八德园入门处有两行绿竹夹路。穿过竹荫曲径，便是苍松高耸长廊。行走在绿树掩映的松树长廊，松树清香阵阵扑来，氤氲鼻息，随之心旷神怡。穿过松径，便是一座楼房。飞檐高耸，碧树环绕，秀美庄重。楼上是一间大画室。从画室向窗外望去，几十株辛夷和数株紫薇扑面而来，一片花海撞入眼帘，紫白相间，异常美丽。张大千说："欣赏树木花卉，最宜从高处向下观看，能够全方位地看到它的生态，认识它的自然生态以后，下笔便能自然得其神韵。"

在八德园里，张大千开凿了一个33亩大小的人工湖。养鱼种荷，亭榭小桥，五座亭子环绕湖畔，又称"五亭湖"。湖岸蜿蜒起伏，小山盘桓，小山都是湖里挖出的泥堆积而成。园中还有笔冢、竹林、梅林、松林、荷塘、映鱼石、下棋石……张大千还养了好多小动物，如黑白猿、波斯猫、藏獒、孔雀等。八德园弟子孙家勤说："八德园实在是张老师一生所做的花园里头最能够让他施展的一个花园。所以他又堆山又挖土，还挖出个池塘来，都是人工做的。"张大千时年已经56岁，他希望安闲下来，在踏实的住所静心创作。安闲是文人内心向求的生活，就像李敖所言："科学是忙出来的，艺术是闲出来的。"而所谓"闲"并不是无所事事，"闲"中做事，更能激发创造灵感，投身于艺术创作本身。张大千要建一座"闲处"，好专心写诗画画。

建造八德园期间，张大千不停画事，仍如从前，四处游历，不断

孙家勤《八德园全景》1990 年

举办画展，去亚洲，走北美，频繁活动于欧洲各国。回到八德园，他便深居简出，埋头作画。随着时间推移，思乡心切，他就和家人在园子里改说四川话。

八德园逐渐成形，园中苍松翠柏，花木丛生，小桥流水。亭台楼阁的中国式建筑吸引了周边许多人的眼球，家里开始宾客盈门。圣保罗各界华侨成为张大千家中的座上宾。张大千热情相迎，每以美食招待。张大千是美食家，对饮食很讲究。有时，朋友们聚在一起，他也会露两手，做一两样拿手好菜。张大千喜欢吃，对于食物很挑剔，哪怕煮面，也很讲究，锅里水多水少，一次下面多少，他都有自己喜欢的标准。张心廉说："我叔伯几个，都不能吃，中午吃多了，下午就再不吃了，就八叔，下午还能吃。"可见张大千的食量和对吃的贪恋。美国有一家著名中餐馆，其中一个秘制菜谱，叫"大千菜谱"。餐馆的老板就是八德园曾为张大千掌勺的师傅娄海云，因为办餐馆，娄海云在美国成为富翁。张大千少时不喜肉食，以素为主，随着四处游历

八德园张大千手写菜谱

百年巨匠
Century
Masters
张大千
Zhang
Daqian

漂泊，各种不同风味的食物都能接受。在八德园，张大千对饮食的追求，可谓登峰造极。大千鱼、大千鸡、成都狮子头等自创的菜谱后来竟被巴西的许多中餐馆学去。而干烧鲤翅、葱烧乌参和湖南风味的"相邀"（张大千自取的菜名）已成专利，秘不外传。每次宴请宾客，张大千都亲自书写菜谱，书写过的"菜谱"，竟让好多客人索取珍藏。

生活的惬意和安定，使得张大千有了良好的心绪，创作量不断增多，这期间，他又两次赴日办展，一次是"张大千临摹敦煌壁画展"，一次是"张大千近作展"。同时，他也一路奔波于欧洲、美国、新加坡、曼谷及台湾地区等地举办相关画展。张大千说过："我要将中国的绘画带向世界，影响世界。"

# 他乡遇故知

1955 年，张大千赴日办展，期间，遇见老朋友溥心畬、黄君璧。三人都是 1949 年离开大陆到台湾的，被当时的台湾美术界称之为"渡海三家"。黄君璧时任台湾美术界最高学府台湾师大艺术系教授兼主任，此时已是台湾美术界领军人物。黄君璧当时正好在日本做文化访问，溥心畬也刚从韩国讲课转道来到日本。老友相见，分外亲切。张大千带

黄君璧

大家去日本各处风景名胜游览。溥心畬极为开心，竟乐不思蜀，在东京租下房子，收下一位女弟子伊藤小姐。伊藤是东京大学中文系三年级学生，喜欢汉语，拜溥心畬为师。

三人均已年过半百，历经沧桑巨变，相聚日本，颇有"同来望月人何处，风景依稀似去年"之感。

张大千在巴西，溥心畬、黄君璧在台湾，平时隔空相望，见之不易，故而见面话匣敞开，纵论天下，时事变迁、风流韵事无所不谈。昔日的"南张北溥"更是感怀不已，尤其是溥心畬，言语间流露一丝无奈。20 世纪 50 年代的台湾，政治气氛极度紧张，却挤压出文艺创作的黄金时代，西方现代绘画不断被引进，好多艺术家投入到"表现"或"抽象"的绘画风格之中，产生出一批抽象、表现艺术家，如

朱德群、刘国松等。在这股强劲的新兴艺术浪潮中，溥心畬保持了自己的清高，他痴迷于中国传统文化，见多识广，并不想在这股浪潮中有所作为。昔日的"旧王孙"多少显得有些落寞。而就在日本的几天里，溥心畬找来几位日本小姐喝酒纵乐，大醉后画了一幅速写漫画，五位小姐睡衣垂落，簇拥着一位男子，男子赤条条全身裸露着，画上题字"群阴剥阳图"，并盖上自己"旧王孙"的图章，图章竟盖倒了。很巧，该画作被张大千的一个朋友摄影家王之一拿到。王之一到宾馆找溥心畬，打扫房间的日本女佣将扔在字纸篓里的画拿给王之一看，王之一带回交给张大千，张大千见画夸赞："这是绝品，比他的山水、楼台亭阁都要好。"

渡海三家中，黄君璧个性沉稳。他早年习过西画，因为深爱中国传统绘画，一生中不断学习鉴赏，勤摹名迹、朝乾夕惕，兢兢业业，作品正如专家所评，"合乎规矩而不浓腻"。黄君璧的画作笔墨清新，布局隽雅，自成一家。黄君璧在保持自己对中国画传统的追求下，借助西画光影和中国绘画的结合，建立自己新的风格。这一想法并不新鲜，20世纪之初，已有画家加入光影的实验，岭南画家高剑父、李可染都曾借鉴西方光影丰富自己的画风。张大千亦在思考着，他也想变，而在此前不久，为了适应西方现代绘画风尚，他也曾画了多幅抽象画作参加国外展览。现在看来，不过是当时一时之玩性之作，或是想借此方式叩开西方绘画市场大门，只是卖得不好。在巴西，张大千一度因生活所迫，试图与人合作猪鬃生意，由于美国猪鬃市场生意低迷只好作罢。张大千、溥心畬、黄君璧三人在年轻时，都历经了20世纪上半叶中国文化的那场变革洗礼，只是由于绘画职业的特殊性、个体性，他们依然遵照自己喜欢的修行方式，我行我素，钻研在中国绘画的艺术脉络上。时过境迁，语境不同，几十年后，西方政治经济的强大以及所带动之下的现代艺术思潮愈演愈烈，在西方社会中有了一种欲罢不能的影响力，这对身处西方的张大千，以及现代思潮影响下的台湾美术环境中的溥心畬、黄君璧，不能不说是产生强烈影响。仿若20世纪20年代之初的翻版，回顾以往，联想当下，三人思绪万千。20世纪之初，中国画坛风起云涌，格局嬗变。传统的中国画，经历了前所未有的冲击和挑战，新文化、新思想、新潮流纷至沓来，一批批从国外归国的美术学子带来了"先进"的绘画艺术。这其中不乏西方写实绘画，以及萌生于19世纪且方兴未艾的现代主义绘画。耳目一新的画风无疑与中国传统绘画有了"冰与火"的碰撞。而"五四"新文化运动所带来的新思想、新文化的冲击也对中国传统绘画有了不小的促动，许多文化精英，如康有为、梁启超、蔡元培、陈独秀等皆发表过关于中国绘画改革的文章，可谓一时喧嚣四起。三人同时经历了那场轰轰烈烈的文化运动，虽未参与，但不可能不知。但是，作为传统中国画家，在聚集几千年沉厚文化精神底蕴的学习中，岂是一时轰烈就能打破，何况它的发生又是处在坚实而丰厚的中国传统文化土壤之中。

时光推移，随着信息交流的逐渐深入，进入20世纪50年代后，西方现当代艺术的强势对于当下社会的影响不可谓不令人瞩目。但是，作为中国绘画的艺术家们，溥心畬依然是"天不变，道亦不变矣"；黄君璧一直踏实地寻求自己的稳中求变；张大千在不久后回到巴西，创作出的《山园骤雨》，其泼墨的笔意却已看出其涵括了光影的信息，展现出明灭显晦的光影化的创新风格。

1956年春，张大千再度赴日办展。这次展出的都是敦煌临摹作品。展览引起法国巴黎卢浮宫博物馆馆长萨尔先生的注意。萨尔先生当时正好在日本，于是他热情邀请张大千赴巴黎办展，张大千当即表示同意。关于这次邀请，也有专家分析猜测，认为是台湾驻外的文化官员郭有守从中牵线搭桥，促成了张大千的赴法展览。郭有守是张大千的同乡，双方都是四川人，据说还沾亲带故。

5 月，张大千赴巴黎，举办"张大千临摹敦煌石窟壁画展"，该展在巴黎东方博物馆开幕。展出敦煌临摹壁画 37 幅，大风堂所藏历代中国藏画珍品 60 幅。7 月上旬，"张大千近作展"又在巴黎卢浮宫博物馆东馆展出，而西馆当时展出的正是"马蒂斯遗作展"。马蒂斯是法国野兽派绘画创始人，早年从事法律事务，23 岁改学绘画，曾师从布格罗，进而学习莫罗、西涅克等，同时吸收凡·高、高更所长，借鉴黑人雕塑和东方装饰艺术，表现出与传统艺术的彻底决裂。马蒂斯所创作的作品色彩明晰、造型简练，形成了独特的绘画风格。张大千在法国的展览，当时巴黎有关媒体这样报道："东西方画展并行在巴黎艺术中心的卢浮宫，本身就说明时代的发展和进步。"而张大千同马蒂斯的画展同在卢浮宫举办，张大千是否看过马蒂斯的画展，我想是应该看过的。马蒂斯的画作对张大千有过如何影响，或者是否对他有过触动，不得而知。但是，张大千《谈画》一文里看得清楚，他说："中国画和西洋画，不应有太多距离的分别。但一个人倘能将西画的长处融化到中国画里面，这定要有绝顶聪明的天才与非常勤苦的用功，才有此成就，稍一不慎，便易堕入魔道了。"

两位画家在卢浮宫的并列展览引起法国新闻界震动，尤其是一位东方画家和西方画家特殊的比照引起业内很多人关注。巴黎的报纸对此纷纷予以报道和评介。权威的塞鲁斯基博物馆馆长艾立西弗在报纸上发表文章，高度评价说："张大千先生的创作，足知其画法多方，渲染丰富，轮廓精美，趣味深厚，往往数笔点染，即能表现其对自然的敏感及画的协调。若非天才画家，何能至此？"

百年巨匠
Century
Masters
张大千
Zhang
Daqian

# 东张西毕

在法国办画展期间，张大千见到了中国旅法画家常玉、潘玉良、赵无极等，并在一起聚餐交流。20 世纪 30 年代，张大千和潘玉良同在南京中央大学任教，在刘海粟引荐下，潘玉良和张大千相识，之后关系融洽，相处亲切。潘玉良喜欢唱戏，和张大千爱好相同，每次聚会，潘玉良总少不了唱上几曲，张大千亦总是击节相和。潘玉良年龄比张大千大几岁，个性开朗直率，二人以姐弟相称。这次见面，他们相约在国外合作办展。潘玉良曾为张大千雕了一尊"张大千头像"，被法国"国立现代美术馆"收藏。此时，潘玉良已在法国定居。她请张大千到家里做客，亲自下厨做饭，重温旧情，作陪的有常玉、旅法华侨俱乐部主任王守义。张大千为潘玉良刚完成的《豢猫图》题字："宋人最重写生，体会物情物理，传神写照，栩栩如生。元明以来，但从纸上讨生活，是以每况愈下，有清三百年更无进者，今观玉良大家写其所豢猫温婉如生，用笔用墨为国画的正派，尤可佩也。丙申五月既望，大千弟张爰题。"

赵无极也邀请张大千来到自己画室，

潘玉良

赵无极

181

潘玉良作品

赵无极作品

观赏他的新作，这些作品具有强烈的现代派绘画风格。张大千观后，谈了自己的观点和对作品的理解认识。赵无极14岁考入杭州艺专，师从林风眠，此时他在法国、美国等地频频展览，有了较大的反响和影响力。和赵无极见面时，张大千提出想见见毕加索，请赵无极帮忙联系，这一想法令赵无极等在场人员惊诧不已，均摇头表示不可。大家认为，毕加索作为一代绘画大师，如今驰名国际、声贯东西，本人也是太狂傲，以张大千现在的身份，遭到拒绝岂不尴尬。巴东先生说："1956年，张大千因为到法国巴黎去开画展，这是第一次中国当代画家能够在法国的公立博物馆开个展，给中国文化增添了很多光荣，所以张大千受到了相当大的礼遇。可是张大千是一个非常好奇的人，他听说毕加索也在法国开展览，就很希望能够见他一下，可是所有巴黎侨界人士、文化界人士、艺术界人士统统反对。"

张大千只好请随从翻译，一位姓赵的小伙子帮忙联系。赵翻译不负期望，当即拿起电话和毕加索住处联系，接电话的是一位秘书小姐，赵翻译通报了姓名，并请她转告毕加索，有位中国画家张大千，远道而来，要去拜访他。秘书小姐办事严谨，一小时后打来电话："明天上午十点毕加索参加陶器展开幕式，请张大千在会场见面可以吗？"张大千同意第二天见面。这次会面颇为尴尬，毕加索到达展会时，热情的观众瞬时将他包围起来，欢呼声、口哨声不绝于耳，他们甚至将毕加索举到半空中。毕加索被放下后，有些气喘吁吁，他停顿一会，慢慢将目光落在张大千的身上，人群中，张大千布履长衫，标志性的长胡须无疑很是显眼。张大千微笑着看着毕加索，试图向前几步，做出迎接姿态，但毕加索很快瞥过目光，转身离去。赵翻译很气愤，冲过人群，来到毕加索身边责问："一位大艺术家为何说话不算话？"毕加索冲赵翻译笑笑，轻声说："对不起，今天人实在太多，根本无法说话，请张大千明天中午到我的别墅来吧。"

第二天中午，也就是 1956 年 7 月 29 日，张大千和夫人徐雯波及赵翻译如期抵达。毕加索在别墅门口迎候。1946 年，毕加索长期定居在法国南部尼斯港的"加利福里尼"别墅。别墅依傍地中海，环境幽静，是当地富豪聚居之地。别墅原是一位公爵的城堡，入住后，毕加索花了一笔高昂费用，修葺一新。别墅豪华又现代，布置讲究。

来到画室，张大千看到画室内凌乱不堪，到处是雕塑、陶器以及完成和未完成的画作。落座后，毕加索抱来五本画册，翻看画册时，张大千吃惊地发现，其中有毕加索临摹齐白石的画，多是花卉、虫鸟一类。张大千很是纳闷，开始和毕加索谈起中国绘画。这次交流中，毕加索说了一句："我真不明白，你们中国人为何跑到法国学习艺术？"对此说法，国人多有各自理解，猜测认识不尽相同，巴东先生认为："据我的推断，当时毕加索对中国绘画或中国艺术产生兴趣。既然有个中国画家要来见面，他当然也不认识张大千是谁，所以希望跟他见面后做一点沟通跟交流。因此就拿了很多他所画的中国画给张大千看。张大千就跟毕加索讲：'你的画很好，可是呢，你的工具不对，因为你是用西方的水彩笔来画，中国画要用毛笔来画，可以墨分五色，毛笔可以刚柔并济。'毕加索听了觉得非常有趣，非常赞佩，也很感慨。他说：'我这么多年来啊，非常不了解的一件事情是，我认为全世界只有中国人有艺术，却搞不懂为什么会有这么多中国人远到巴黎，来学习西洋的艺术呢？'"

毕加索张大千互相赠送的画作
1956 年

这天，75 岁的毕加索破例请张大千夫妇一起用餐，并参观古堡庄园。曾有人猜测毕加索并没有重视这次会面，但也有人说："如果毕加索不在意张大千，就不会留张大千夫妇吃中午饭。"

庄园内花朵盛开，一片艳阳当头照耀下，张大千一边浏览，一边倾听毕加索说话。徐雯波提出想和毕加索合影留念，毕加索欣然同意，赵翻译及时给三人拍照。走入花园里边，又见四处都是毕加索的画，还有他亲自设计的兽类雕塑，都是些造型怪异、想象奇妙的雕塑。毕加索和张大千夫妇又合拍一张照片。此时，毕加索做出一个非常举动，他让张大千带上一个马戏团小丑用的大鼻子，让徐雯波戴上一个歪歪的船形小帽，自己则

1956 年与毕加索合影                                          毕加索画作

拿一张报纸剪去三个孔蒙在脸上，让赵翻译再为他们拍了一张"化妆
照"。拍完后，毕加索突然像孩子一样抓起一把花瓣撒向徐雯波，花
瓣在空中飞舞，一些花瓣竟飘落在张大千的胡子上，大家都笑起来。
临别时，毕加索送给张大千一幅《西班牙牧神像》，并以英文题签。
这幅画是之前欣赏毕加索画册时，徐雯波看见的，当时，徐雯波看见
这幅画像川剧鬼脸，惊讶地问这画的是什么，毕加索以为徐雯波喜
欢，特意送给他们。后来，徐雯波说大概毕加索误会了她的意思，否
则可以挑一幅更面善的画作。有来无往非礼也，张大千画了一幅表现
竹子的画送给毕加索，也郑重题签："毕加索老法家一笑。丙申之夏，
张大千爰。"并附送几只优良毛笔。

　　关于张大千会见毕加索，巴东先生说："其实我觉得这就是一个
中国文人强烈固执的一种理想，一个高士的理想，虽然张大千天性里
面有很多跟文人画不一样的东西，但这不影响张大千是一个中国文
人。我觉得一直到今天，那种文人品格和文人的那种理想，中国知识
分子身上都还在，当然，对于无拘无束的张大千来讲，他要保留文人
的那一套想法，他那个打扮，戴着东坡帽蓄着长胡子，任何时候穿着

百年巨匠
Century
Masters
张大千
Zhang
Daqian

长袍子，而且见面就作揖问好，全是中国式的。他其实在强烈坚持中国传统文化里边的一些东西，认为这是本质性的东西。这种诉求非常强烈，而且非常坚决，不管他去跟毕加索见面，或者是在美国生活，他都是一个非常纯粹的中国文人。我们看上去他是一个古典文人，但实际上他内心里边的很多当代的东西，更多反映在他后期的泼墨、泼彩画里面，有他作为一个中国文人式的理想的坚持。"

这次会面，新闻界很快给予报道，文章中提到"暗示着近代美术界，东西方相互影响、调和的可能"，称之为"艺术界的高峰会谈""中西艺术史上值得纪念的一年"，并认为张大千与毕加索是"分踞中西画坛的艺术巨子"。这是一次载入史册的会面，毕加索是20世纪声名震彻世界画坛的画家，如果没有张大千这样匪夷所思的主动约见，中国很难再有这样的故事发生。

"东张西毕"的会面，显示了张大千对于中国绘画走向世界的雄心和自信。傅申先生认为："他很主动地想把自己推向世界，50年代后期，去看毕加索，也是他想以一个中国画家的身份，要和你西洋画家平起平坐。这样的雄心在别的中国画家里面很难找到。"

两位来自东西方绘画大师的碰撞很有意思，从本质上来说，两位所处的文化背景、艺术理念截然相悖，各有追求。和毕加索见面六年后，张大千和他的女秘书林小姐谈到那次会面，林问："你也看见过毕加索一些不奇怪的画吗？"张答："看过，他年轻时画的画最好，那时的画真是一点也不怪。"林问："为什么他后来改变画风了呢？"张答："我想是他年轻时画得那么好，却卖不出去，那时他也很穷，生活很苦，于是故意乱画，也是表示玩世不恭的意思。"张大千在以后的日子里又补充一些对毕加索的印象："弟以为此公有两点：一玩世不恭，二神经不正常，所以造成那不为世俗所拘的画派。至于我国道家思想，得其环中，超以象外，似有不同，弟不敢做评论，有待于艺术批评专家也。"几年后，在《毕加索晚期创作展序言》中，张大千又做了如下评论："毕氏之作，见于画肆者，与传统西画有异，而其思想内容，实亦是基于西方，早期所创立体主义，乃循塞尚之立体论从事理性创作，而循黑人之狂野，突破写实之约束，不过强化其表现而已。其后，立体主义以为西欧现代艺术之里程碑，其影响于后进而导致新风者，故无论矣，而毕氏颇不以此自矜，日以新构思以试新创作，一变再变，及至于千变万变，曾无稍懈。"

以上言论可以看出，张大千与毕加索零距离接触后，并未对毕加索有更多的理解，或者认同，相反偏见大于之前。其反映出的是东西方文化本质的不同，孰好孰坏并无高下，只是两种文化系统，即使驾着小船跨河相见，也体验不到陆地深处的奥妙和实质。傅抱石早在20世纪30年代对中西文化有过自己的认识和论述，他认为："西洋文化，少壮为重；东洋文化，则重在'老'，东洋非无少壮也，但绝不以之占艺术思想之顶点。……若以永远之青春为西洋之要求，则东洋之要求为永远之老境。"当然，此"老"非老朽萎缩之意，而与恬淡清静、空无寂静之境界相涉。当然，两种文化之境并不影响张大千后来创发的泼墨泼彩画。能成为一位绘画大师，其心路历程是复杂而又多变的。

对于张大千而言，从石涛起步，上溯中国历朝历代，各个时期的绘画，所涉猎画家之多可谓无人能出其右，他将中国文化汇于一炉，其精神的自觉无疑与中国文化的沃土密不可分。毕加索作为当代西方艺术的代表，其艺术的本质承袭着西方现代哲学、心理学、自然科学，衍生出的精神特质和艺术表现自有其存在价值，从毕加索学习东方，借鉴齐白石画作已可看出，西方画家并不故步自封，而是依照自

百年巨匠
张大千
Century
Masters
Zhang
Daqian

己的觉悟和体验，不断吸收世界各民族民间艺术的营养。东西方艺术家文化出发地不同，但随着逐渐开放、信息往来的社会，都在自觉不自觉间相互借鉴学习。张大千晚年的泼墨泼彩，亦被认为借鉴了西方现代艺术的表现。在阿根廷居住期间，张大千常去各地各国办展巡游，期间两次去美国。纽约被称为"世界现代艺术中心"，抽象表现绘画大师波洛克、德库宁、马克·罗斯科等人当时闻名遐迩。而那一时节，正是当代艺术的高峰时段，美国艺评家关于现代艺术的理论性阐释，纷呈迭出。克莱门特就是当时活跃的艺术批评家之一，他说："让绘画限于对色彩的纯粹与线条的简洁表达，不要以任何其他方式的真实体验挑逗我们。"张大千关注了解新生事物，对于现代艺术的价值体系，并不是置若罔闻，在美国逗留期间，张大千向朋友询问了解美国当代艺术的文化指向。而这些认知，对于张大千日后的艺术以及创立的泼墨泼彩画法产生哪些影响，只有张大千自己清楚。

1956年7月，与毕加索会面后，张大千于9月赴瑞士等地游览，后经香港、日本，再回巴西。

# 泼墨泼彩

　　1957 年，张大千 59 岁生日，他画了一幅自画像，并题诗："隔宿看书便已忘，老来昏霭更无方。从知又被儿曹笑，十日才能下一行。"6 月，张大千指挥工人在园中堆置假山，见大家搬巨石费力，便上前帮忙，因用力过猛，眼前一黑，开始视物不清。经医生检查，眼底毛细血管破裂。张大千辗转美国、日本治疗，效果不很显著。回到八德园后，他一边养病一边作画，其间为老朋友蔡孟休画了一幅《墨荷图》。据蔡孟休说，这幅画比以前的画色泽略重一些，好像罩了一层淡淡的阴影。

　　香港名医陈养吾在报上得知张大千的病情，给他寄去一方药单，希望能有所帮助，服药一月，大见成效，眼病慢慢有所好转。张大千又作了好多画，并将其中一些简笔画寄给老朋友薛惠山，薛惠山看后评价"老大意转拙"回寄张大千，并作《张大千论》一文在海内外刊物发表。文章说："信笔挥洒，一片泼墨完成""元气淋漓章犹显"。文章还评价张大千欧洲游历回来，不再拘泥于形式，正冲破世俗习惯、大刀阔斧突围而出等等。张大千所说的简笔画就是将他以前的细笔画风转向粗笔、破笔、泼墨方向的画。关于这次画风转变，张大千在 1982 年所作的《庐山图》题跋中道出原委："予年六十，忽撄目疾，视茫茫矣，不复能刻意为工，所作都为减笔破墨。"生理变化是不以人的意志为转移的无奈。但是，我以为在张大千的潜意识里，简笔泼墨的创作已是蓄意已久，在某个当口，心态的转折之下，开始放开手脚，随兴自在起来。其实在这之前，张大千已开始小试以水墨渍染、积染、泼染等手段，并在日本、巴黎画展中出现少数几幅泼墨作品。

眼疾等综合因素导致张大千心绪放松下来，并将之前所抱持的细笔画风放下，由文细一路转向后来的泼彩写意。1956 年，张大千创作出了一幅泼墨画作《山园骤雨》，这幅画作的产生据说是下过一场雨后，园中雨雾淋漓、烟霞蒸腾，张大千借自然之势，感怀挥就。《山园骤雨》画的是园中茂密的树丛被倾泻而下的暴雨拍打，雾气蒙蒙、树木摇曳、清新静逸，笔墨泼洒之下的画面如奔腾的浪涛随光影幻动，颇有"山路元无雨，空翠湿人衣"的情怀。这一自性自为的雨中镜像成立，触动了张大千，他意识到笔墨破化的意义，并开始有意加入自觉引导。张大千对一些朋友说："现在我发现，不一定用古人的方法，也可以用自己的方法来表现。"这之后张大千连续创作了大量泼墨作品，并于 1962 年创作了大泼墨代表性作品《青城山》。该画为通景大画屏，全长为 555.4 厘米，高 195 厘米，取材于张大千梦牵魂绕的家乡青城山，画面墨气酣畅淋漓，一片氤氲。右起第一幅，树丛茂盛，下方横跨的一江，应该是都江堰。张大千以重墨渲染山势，淡墨渲染云层、烟岚波动、草木生香。没有画雨，却如山雨迷蒙，这定是张大千游历青城山时，所逢之遇。

据说这幅画作，张大千凭记忆完成。当时间和空间拉开距离，内心蕴藏的情感就越炽烈，更纯粹，生成丰富辽阔的幻想，激情浮想，也会带动手中之笔墨的运转，山水画是艺术家心智思维的产物。随着时光流逝，张大千对故乡的怀念越发强烈，心中念及故乡的图像越发清晰。里尔克说："孤独的时候，正是产生思想的时候。"《青城山》正是在思想的怀望之下产生的。《青城山》亦被称为张大千泼墨山水觉引导。张大千对一些朋友说："现在我发现，不一定用古人的方法，

百年巨匠

张大千

Century
Masters

Zhang
Daqian

《青城山》1962 年

也可以用自己的方法来表现。"这之后张大千连续创作了大量泼墨作品，并于 1962 年创作了大泼墨代表性作品《青城山》。该画为通景大画屏，全长为 555.4 厘米，高 195 厘米，取材于张大千梦牵魂绕的家乡青城山，画面墨气酣畅淋漓，一片氤氲。右起第一幅，树丛茂盛，下方横跨的一江，应该是都江堰。张大千以重墨渲染山势，淡墨渲染云层、烟岚波动、草木生香。没有画雨，却如山雨迷蒙，这定是张大千游历青城山时，所逢之遇。

据说这幅画作，张大千凭记忆完成。当时间和空间拉开距离，内心蕴藏的情感就越炽烈，更纯粹，生成丰富辽阔的幻想，激情浮想，也会带动手中之笔墨的运转，山水画是艺术家心智思维的产物。随着时光流逝，张大千对故乡的怀念越发强烈，心中念及故乡的图像越发清晰。里尔克说："孤独的时候，正是产生思想的时候。"《青城山》正是在思想的怀望之下产生的。《青城山》亦被称为张大千泼墨山水重要的、里程碑式的创作作品。

20 世纪 60 年代，张大千作品中开始出现泼彩画法。据说，一次画荷花，愈画愈不称心，便对墨色不断更改，烦躁之下，他将石绿往画上一泼以泄愤懑，未曾想到，画面中央露出些许白色光亮，一朵白

百年巨匠
张大千
Century
Masters
Zhang
Daqian

荷沾上淡淡赭石，现出"山雨欲来"之情致。接着张大千在浓浓的黑墨上泼些石绿，但见画面色泽丰富动人，却也沉静安详，他又勾出荷叶筋脉，落上数片花瓣，一幅气势不凡、含蓄雀跃的荷花跃然纸上。张大千兴奋不已，心有所悟。而这幅荷花亦成为张大千后来创作泼墨泼彩画法的动因。早在 1941 年，张大千从敦煌回到四川，居住青城山时，饱览了家乡山水，心绪辽阔飞扬，加之对古人绘画的进一步认识，他的复笔、重色山水已开始出现，水墨、青绿相融合，画法新颖，为后来的泼墨泼彩画法做了铺垫。20 世纪 50 年代后期，笔下出现《山园骤雨》等笔法表现画作，多以泼墨为主，偶尔兼泼少量颜色，60 年代初期，泼彩逐渐加重，泼彩法成为他最为主要的创作手段之一。这期间他创作了《谷口人家》等一批代表之作。60 年代中期，张大千泼墨泼彩进入高峰期。《幽壑鸣泉图》《横贯公路》等都是这一时期代表作品。其中，《横贯公路》表现的是连接台湾北部东岸和西岸的公路，该公路穿越山峦峡谷，贯通东西两岸，气势不凡，张大千极为喜欢，曾连登数次。1965 年，张大千又创作了《瑞士雪山》。这是他与

《谷口人家》1979 年

老友张目寒夫妇同游瑞士的体验，该画气势宏伟，山峦起伏，虚灵妙然，两峰间光芒隐然透出，下方深紫一片，若千年冰河，浩荡翻涌，亘古幽谧。这幅作品风格突出，显出泼墨泼彩创新独立的精神特质。接着他又创作了《秋色》《雨后岚新》《爱痕湖》《春山匹练图》《幽谷图》《泼彩山水图》《翠谷清溪》等。

1968年，张大千在太平洋彼岸的环荜庵，创作了《长江万里图》，该画绢底重色，大片泼彩，以雄奇瑰玮之笔寄情山河、缅怀祖国，这幅画是张大千为老友张群80大寿贺礼所作，历时半个多月完成。该画以长江源头青海起始，流经家乡四川一路奔腾浩荡，翻山越岭，途中山势蜿蜒交错，陆地支流绵延更迭，城郭错落衔接；江水流经武汉三镇，江面豁然开阔，风帆簇簇；过南京，过上海，江面开始了"远山无皴，远水无波"的虚蒙。整幅画作高半米余，长20米，气势浩荡，连绵辽阔，颇为震撼。《长江万里图》集张大千一生的功力和技法点染而成，展示出张大千一生的画业进入精纯渊穆的黄金时代，此画也是张大千晚年的巅峰之作。

《长江万里图》（局部）1968年

1972 年，老友张目寒 70 寿辰，张大千又特意赶制《黄山图》以祝贺。据说张大千创作《长江万里图》《黄山图》时手头也是并无草稿，只凭记忆而作，过程如写字一笔一画，将思维的世界融入画面的时空，可谓"石即云，云即笔"，山川、河流、融化于心，化为精神。早在宋代，中国山水画高峰来临之初，便有借记忆抒情山水的创作。

随着一批批泼墨泼彩画作的不断涌现，张大千越画越自由，下笔酣畅潇洒，着色信笔自如，进入了自由的精神王国。张大千不仅画泼彩山水，连花鸟鱼虫、小狗小猫他都泼。张心娴说："他什么都泼，哈巴狗、猴子都画都泼。"荷花自然是张大千不可或缺的题材，1975 年，他作一幅《钩金红荷》，花朵浓艳，泥金勾勒，姿态婀娜。画中题诗："无人无我，无古无今，掷笔一叹。"看得出晚年的张大千身边没有知音，内心孤独，慨然自叹。1975 年创作的另一幅《泼墨朱荷》墨色交融，泥金底材质，金线勾勒荷边，荷花无以辨别品种，却是似古又今，新鲜好看，作品墨斑彩迹，富丽堂皇，通高 168 厘米，长 369 厘米，是后期罕见的半抽象式作品。

值得一提的是，张大千 1968 年所作《爱痕湖》，2011 年 5 月，在

《泼彩朱荷金屏》1975 年

中国嘉德拍卖会上以 1.80 亿的惊天高价拔得头筹，并超过世界拍卖市场领跑冠军毕加索。

1981 年初夏，张大千以 83 岁的高龄，再创巨幅《庐山图》，此画也成为张大千的绝唱。

1956 年之后，自泼墨风格的发现及至泼彩画风的建立，张大千创作兴致极高，作息时间开始反常，半夜他会突然起来，大声吆喝"画画喽"，招呼家人弟子，大家纷纷起床，扶纸研墨，帮忙料理。在他所作的一幅《泼墨山水》题跋中可以看出他的兴奋："老夫夜半清兴发，惊起妻儿睡梦间。翻倒墨池收不住，夏云涌出一天山。"那些日子，张大千在八德园又修建了一座画室，画室分为两层，长 20 米，宽 10 米，楼下两边是卧室兼裱画室。楼上画画，除靠

《幽谷图》1967 年

墙一张大画案，再无他物。建造大画室，是张大千已经酝酿许久的，他心里一直有个愿望，就是创作一幅中国画史上前所未有的《泼墨巨荷图》。新建画室竣工后，家人、弟子在画室帮他研墨，他把研好的墨一碗一碗地泼洒在宣纸上，然后关门上锁，待墨汁风干。第二天再泼石青、石绿等各类颜色，最后他在大片墨彩之上点缀勾勒。气韵轩昂的《巨荷图》最终呈现出来。

《巨荷图》在巴黎展出引起强烈轰动，原本计划赴欧洲巡展，但

《爱痕湖》（局部）1968 年 　　　　　　　　　　《巨荷图》1956 年

巴西圣保罗艺术馆举办双年展，特邀张大千送《巨荷图》参展。考虑
到巴西政府对自己的各方关照，张大千放弃赴欧洲巡展计划，回巴西
参展。展览结束，《巨荷图》被美国纽约一家著名美术馆接去展出，
后来被美国《读者文摘》以 14 万美金收藏。为创作此图，张大千每
天观察园中荷花，凝神聚气，心思集中在泼墨荷花创作里，故而下笔
之前已是成竹在胸，自信放达 。张大千女儿张心娴说："爸爸画泼彩
画、泼墨画，也不是乱画，其实爸爸每画一张画，已经是脑子里有了。
不像有些人说，你爸爸眼睛不好，年纪大了，就泼彩。他说：'有时
候画画一定要想它最美的地方，你说这张画中有这个山，不舒服的就
不要画出来，一定要想象它美的地方。'所以爸爸就把什么都集中在
美。"那段时间，泼墨泼彩成为张大千主要的绘画手段。

　　关于泼墨泼彩画法，张大千常常表示："我并不是发明了什么新
画法，也是古人用过的，只是后来大家不用了，我再用出来而已。"而
张大千本人将他的泼墨泼彩画称作"破墨"画，可见张大千对自己创
作的泼墨泼彩和中国传统绘画渊源关联、表达连接极为在意，他担心
有人对他的泼墨泼彩画创作有所误读，他知道一旦脱离传统，就失去
了文化根脉。中国画讲传承，随悟而明，所谓"醉翁之意不在酒，而

196

《泼彩山水四屏》1978年

在乎山水之间"。脱离了传统藤蔓，只能是"野狐禅"。谢稚柳曾对张大千的泼墨泼彩绘画做过如下评价："一个人能将西画的长处融化到中国画里面来，看起来完全是国画的神韵，不留丝毫西画的外貌，这定要有绝顶聪明的天才，非常勤苦的用功，才能有此成就。"对谢稚柳的说法，张大千并不同意，他认为自己的泼墨泼彩来自中国传统，他说："早在唐代，王洽的泼墨山水就显示出泼墨画的端倪。"据画史记载，唐代画家王洽"善泼墨，画山水，时人故亦称之王墨。王墨游江湖间，多疏野，好酒，凡欲画障，必先饮，重酣之后，即为泼墨，或笑或吟，脚蹴手抹，或挥或扫，或淡或浓，随其形状，为山为石，为云为水，应手随意，倏若造化。"我们无法通过文字看到王洽的画作形态，王洽的画并无流传下来，也没有可借鉴的技法理论。倒是宋代，米芾、梁楷、石恪等人都采用过泼墨画法，不过所遗存画作极少且泼墨幅度不大，比之张大千的泼墨亦有较大距离。张大千画泼墨、画泼彩，也是试验多幅，逐渐摸索而成。据说张大千在美国游览

百年巨匠
张大千
Century
Masters
Zhang
Daqian

时，看见一幅色彩恣意横流的所谓"自动画法"的现代作品，竟联想到中国古代的"泼墨技法"。而在法国办展游览期间，他也多次看法国现代主义画展。据傅申先生说："有一次，郭先生（郭有守）对他说：'中国画没有前途，你要走向世界，可能要变。'所以郭先生曾经带他拜访巴黎最流行的一些画家，进入一流的画坛，甚至于带他看行为表演的艺术，就是把色彩涂在裸女身上，让裸女滚在画布上，张大千看了以后，说这些他也会。郭先生就是让他开眼界，同时让他改变传统的画法。他知道要走向世界，就不能完全画过去传统的画。所以他是先有泼墨，再改成泼彩。60 年代中后期是他泼彩最精彩的时候。"

张大千女儿张心瑞说："好多人说他这个泼彩好像是受西方影响了，是学西方的油画，他说不是。他说中国的传统绘画在古时候就有泼墨，不过那个时候呢还没有用上颜色。他是用他自己的观察，看见

《泼墨山水》1980 年

自然气候的变化，后来到了欧洲，看到云山、铁山，或者太阳夕照的时候，那种色彩给他一种启发，是他自己的一种创新。"

张大千衰年变法，意义深远，可谓我国20世纪中国画创新道路上最有代表性的画家之一。早在20世纪上半叶，就有林风眠、徐悲鸿、刘海粟等一批画家致力于中国绘画的创新改革，在那股风生水起的文化大潮中，张大千身体力行，在人生漫漫长途中实践着自己的绘画创作，只是这种变革是在远离祖国、侨居异国他乡时才开始脱茧化蝶。郎绍君先生说："从创造性、从对中国画发展所作的贡献这一根本讲，张大千应列为'大器晚成'的巨匠，因为他创作高峰期的标志不是别的，是其随后的泼墨泼彩相结合的作品。若不是自发求新，坚持泼墨泼彩'变法'，张大千就只是一位功底深厚，但创造性并不强的传统绘画多面手。"

张大千师古、摹古，搜尽奇峰打草稿，足迹踏遍祖国的大江南北和亚、欧、美各国。他内心辽阔，善于学习各家之长，并不是一味模仿而是取舍经典、兼收并蓄，反映出他丰富的底蕴和极为自信的心态。可谓："海到无涯天作岸，山至绝顶我为峰。"巴东先生说："中国的青绿山水，还有中国的云山画派，加上敦煌佛教艺术色彩的影响，然后最重要的是，再加上张大千本人非常喜欢跋山涉水，结合起来，于是形成了张大千晚年泼墨泼彩的风格。这种风格可以说开拓了中国水墨画的一个新纪元，把传统中国绘画带到一个现代的窗口。"

关于张大千一生绘画的风格演进有人作了一个总结：30岁以前，画风清新俊逸；50岁进入瑰丽雄奇；而60岁以后达苍深渊穆之境；80岁后气质淳化。但也有人认为：张大千的画风本质上流露的还是清润雅健、明丽秀逸的风格气质，很受大众喜爱。正如黄苗子说的，张大千的绘画是"雅俗共赏"的画。在世界绘画史上，雅与俗是一对非常有趣的范畴。

　　1962 年 8 月，张大千应台湾历史博物馆邀请，飞赴台湾，在该馆开办"张大千画展"，展出《蜀江图》等百幅作品，其中大部分作品为泼墨泼彩画作。同年，张大千在日本举办的"张大千画展"。其中一幅泼墨泼彩画，被日本首相中曾根看中，特派秘书联系购置。张大千误认为中曾根喜欢中国传统绘画，挑选一幅交给秘书，未曾想到，中曾根看中的正是他的泼墨泼彩画作，这也反映出张大千泼墨泼彩的社会效果。台湾广雅轩美术馆为了收藏张大千的泼墨泼彩画，不惜于世界各地拍卖会购买张大千的泼墨泼彩作品。广雅轩林百里对"百年巨匠"导演说："张大千的画是很外向的，很有那种奔放美，很有韵味，让我非常欣赏。"

　　1958 年，张大千的一幅写意小品《秋海棠》获纽约"国际艺术学会"金质奖章，张大千本人并被选为"当代第一大画家"。是年，在法国国家美术馆成立永久性"中国画展览"中，张大千的 12 幅作品入选。

　　20 世纪 60 年代，张大千创作生涯极为充实，他不仅画了一系列传世作品，同时也马不停蹄去欧洲、亚洲各地办展游历，连续去了法国、希腊、瑞士、巴西及香港地区，以及日本、新加坡、马来西亚、泰国、德国、比利时、英国等地。

# 移居美国

　　20 世纪 60 年代，张大千频繁往来于巴西、美国，原因第一是要治病，第二是要讲学，同时也希望自己的绘画能够进入美国市场。1967 年夏，他和徐雯波来到加利福尼亚的卡米尔城，与旅美画家侯北人夫妇相识，共度两个月时光。张大千对卡米尔小城的气候、景色留下很好印象。1968 年 11 月，他赴美国看病期间，游览了美国胜景沃特金斯峡谷，顺道去了尼亚加拉大瀑布。12 月底，张大千在纽约做白内障手术，此时，他的眼睛开始出现视物模糊的症状，右眼视网膜血管有 57 处小裂口，眼睛经常发黑。医生先给他的右眼做了手术，术后一时难以恢复。外界传张大千眼睛失明。

　　在赴美国旧金山养病期间，张大千得悉巴西政府要在八德园兴建水库。此计划几年前就有，当时探测水质不好，又揣测地下有石油储藏，故水库建设搁置下来。此时，巴西政府终于下定决心，破土动工。

张大千夫妇在美国加州可以居

张保罗和父亲张大千在环筚庵

百年巨匠
Century
Masters
张大千
Zhang
Daqian

只眼作画

独具只眼

张大千也决心放弃八德园，迁居美国加州卡米尔小城。卡米尔小城边上是美国西海岸风景区"十七哩海岸"。张大千在城里买下一幢小房子，起名"可以居"。不久，他又买到一幢较大院子的新房，取名"环筚庵"。张保罗对记者说："我先父过来之后买了个小房子，环境不错。后来因为地方太小了，就另外买了一个地方大点的花园，叫'环荜庵'。后来又盖了一间画室。这里有一块碑，石碑是什么？就是他的旧笔被埋的地方，叫作'笔冢'。"张大千每次搬迁一处，就将用过的旧笔埋入地下，称作"笔冢"。

在美国定居以后，张大千眼疾更为严重，左眼因白内障视物模糊，右眼手术后视力大为衰减，作细笔画深感困难，这段时间，他刻了"独具只眼""一切唯心造""得心应手""制造故人不到处"等闲章。古稀之年的他，眼疾纠缠，身体明显开始衰弱，治病花费越来越大。张大千开始将自己的画作定出不同价格，分别出售，所卖价格一幅画几十元到几百元不等，这些价格一般人是能够接受的。1970年以后，台湾人生活水平渐渐好起来，买张大千画的人增多了，美国当地华侨也购买了他一定数量的作品。一时间，又掀起一股小小的张大千售画高潮，并有许多画作流向市场。因为眼病加重，作画困难，故而台湾一些人士提出疑问，猜测所售画中，一定有不少是其弟子代笔。

1972年，张大千眼病加剧，住进旧金山市医院治疗，动过激光手术的右眼已经无法恢复，只能对左眼白内障进行摘除。手术最终取得成功，左眼终于复明。但所配的眼镜很厚，像茶杯底一样，尽管如此，张大千依然高兴，毕竟不影响自己作画。经过长时间准备，张大千决定办一个回顾展，展出地点选在美国旧金山蒂昂博物馆，并举行盛大开幕酒会。开幕酒会时逢大雨滂沱，出席的中外来宾竟达2000人之多，所展作品是张大千40余年(1928~1970年)所创作的精品54幅，展出时间一个月。世界各地喜爱中国画的人士专程赶来，其中有评论家、收藏家、画家、书画爱好者。美国的报纸、杂志、电视广播等新闻媒体也给予关注和报道。画展结束，张大千又赴台湾，应台北历史博物馆邀请举办巡回展。同年，张大千被美国洛杉矶授予荣誉市民称号。当地华侨为张大千举行庆贺会。

在美国，张大千举办了多次画展，有了一定的影响。1968~1969年，他又连续在美国纽约的弗兰克卡诺美术馆、纽约文化中心、纽约圣约翰大学等地相继办展。

1974年，张大千被授予美国加利福尼亚、亚洲太平洋大学颁赠的荣誉人文博士学位。接连不断的成绩并未让张大千兴奋愉快，古稀之年的他，历经沧桑，返璞归真。张大千心里明白：西方不是自己真正内心想要的沃土，西方的文化也并不能真正将自己融入，此前的各种艺术活动也多是在华侨之间进行的，而真正读懂中国画，欣赏张大千画作的西方人并不多。黄天才先生说："那时候，经常购买他的画的人，还是香港、台湾以及国外的华侨。"故此，面对在美国获得的荣誉，张大千内心依然孤独，并不以此为骄傲，这正像一只飘零的大鸟，没有踏实温暖的归巢。

时间流逝，岁月渐老，张大千对家乡的思念愈发强烈，曾慨叹："看山还是故乡青。"那些年，有人辗转从成都带给他一包泥土，张大千手捧乡土，百感交集，老泪纵横……闻者为之潸然。张大千晚年居住八德园时，大陆曾于 1963 年先后派张心庆、张心瑞偕外孙小咪、莲莲到香港看望他。张心瑞还和女儿随张大千到巴西八德园住了一段时间，张大千希望女儿留下来，考虑到诸多因素，张心瑞还是告别了父亲，回到大陆。女儿央求父亲回到大陆的愿望，张大千没有同意。张心庆回忆说："我到香港探亲的时候，我们就住在九龙（迪芬道乐斯酒店），因为我爸爸不愿意耽误朋友时间，不愿意乱人家生活。他说，你来探亲，要住四五十天，我再给人家画好多画也比不了，也不行啊。就是他接待我，他老婆高兴吗？他孩子高兴吗？做事情要替人家想一想。后来我们就住那酒店去了，订了个茶房，我们以前就叫茶房。"对于朋友，张大千处事周到，但对于新中国的不断邀请，他一直没有答应。

张大千和外孙小咪

张心庆和父亲在香港

1972 年，张大千托香港朋友给国内的几位子女汇款，所寄钱款石沉大海，不见踪迹。此时的大陆"文化大革命"已经升级，且愈演愈烈，儿女们也是杳无音信。此时，身在大陆的张心庆已被划为右派，张心瑞与被定为"反动学术权威"的丈夫肖建初一直在进行"脱胎换骨"的改造，儿子张心智为躲避大批判，东躲西藏。张大千的第三位夫人杨宛君被"抄家"，她保存的 14 幅张大千的绘画及珍贵照片被抄走。张大千与徐雯波生的儿子张心健因在"文化大革命"中被定为"黑五类的狗崽子"，长期隔离反省，加之爱情不顺，双重打击下最后不堪凌辱，于 1971 年卧轨自杀，时年 22 岁。张大千至死都不知道这件事。在写遗嘱分配时，他还给小儿子张心健留下一份。

张大千不明就里，内心的疑问就越多，此前几年，台湾已开始主动接触张大千，张大千的好友蔡孟坚从中说和，改变了台湾对于张大千的态度。蔡孟坚，20 世纪 20 年代曾担任武汉警察局长，曾因抓捕共产党上海领导人顾顺章而立下大功，这位老牌特务当时直言不讳地告诉顾顺章："落到我的手里，对抗就是死路一条，没有任何余地。"来到台湾后，蔡孟坚担任蒋介石在东京的私人顾问。据说蒋介石对蔡孟坚交代："在东京，不要和亲北京的张大千来往。"但是两位朋友在东京还是见了面。张大千将自己的苦衷向蔡孟坚和盘托出，蔡回到台湾拜望蒋介石时，借着和宋美龄闲聊画画之机，假作不经意说到张大千。宋美龄喜欢画画，曾想随溥心畬学画遭到拒绝，也有人说是宋美龄向张大千学画遭到拒绝，台湾专家证实此为讹传，和溥心畬学画是事实。宋美龄很感兴趣地询问张大千的近况，此时距 1949 年张大千给毛泽东画荷已过去 20 年。张大千最终得到蒋介石原谅，再回台湾办展境况大好，展览频多，热潮涌动。后来，宋美龄和张大千在美国进行了会晤。

1968 年，台湾"中国文化学院"授予张大千荣誉文学博士学位。5 月，"国立历史博物馆"又举办"长江万里图特展"，而且之后几乎每年都举办张大千的画展。1969 年，台北故宫博物院隆重举办"张大千捐赠故宫临摹敦煌壁画特展"，并出版图录。1973 年，台北"国立历史博物馆"举办"张大千创作国画四十年回顾展"，并在该馆设立"大千世界"专室。1979 年，台北"国立历史博物馆"举办"张大千早期作品展览""张大千画展"。9 月，"中西名家画展"又选了张大千 80 余幅精品，后又选送 60 幅作品赴韩国办展。那一段时间，张大千每到台湾都会受到隆重欢迎，并陆续出版《张大千作品选集》。台湾教育部向张大千颁发"艺坛宗师"匾额以示褒奖。

# 叶落归根

摩耶精舍

门匾题词

张大千决定回到台湾定居。在此之前，台湾方面已邀请他赴台定居，并计划补助一幢住宅，张大千婉言谢绝。1976年1月，张大千率夫人、子女，举家迁返台湾。第二年，张大千在台北郊外，双溪分叉的小岛上选定地点，建"摩耶精舍"，斋名取自释迦牟尼的母亲摩耶夫人肚子里藏有"三千大千世界"。辗转几十年的国外旅居生活，晚年安然落下帷幕。张大千回到自己的家乡，即使是第二故乡，也是中国的土地，现在，他在自己的土地上建造自己的居所。

"摩耶精舍"占地500多平方米，以四合院两层楼为核心，张大千除了在天井布置流泉树石，还在前院垒石作池塘，种植垂柳、荷花、梅花、松柏。在后院双溪分叉处建起一座双亭，可以坐听潺潺溪水流过的声音，同时眺望远方山色。临溪一侧建有长廊，屋顶建有小花园，养猿、养花，布置盆景，站在楼顶上可以望到台北故宫博物院。

百年巨匠
张大千
Century
Masters
Zhang
Daqian

据傅申先生说:"'摩耶精舍'开建时,周围全是农田荒地,现在住家密集,好多居民房子比'摩耶精舍'盖得还要高。为了方便坐在'双亭'写生画画,捕捉花卉的自然意趣,张大千特意从美国空运40箱盆景,又从海上运回环筚庵重达5吨的'梅丘'巨石,这些巨石美国是禁止搬出国外的,不知张大千如何说服了他们。"张大千将巨石竖立园中,在周围种下梅树。这一段,从建屋到竣工极为繁忙。期间,张大千返回美国处理一些杂事,在环筚庵完成《清湘老人书画编年》。清湘老人石涛是张大千的心摹手追的老师,晚年做这样一份工作,其内心的感慨无以细说。该书被香港一家出版社出版。同时完成了《安持精舍印谱》,安持者陈巨来,20世纪中国杰出的篆刻家、著名画家、诗人,被誉为"三百年来第一人"。陈巨来是张大千1927年结识的好友,编辑此书无疑是愉快的。此书在日本出版。之后,张大千一一告别美国的友人,回到台湾。1977年6月,台中市举办"张大千画展"。4月的一天,正在家中忙碌的张大千不慎跌伤脚骨,适逢80大寿在即,张大千只好在医院度过80岁生日。

同年8月,"摩耶精舍"落成。台湾老友纷纷赶来祝贺,恭喜张

《宝岛长春图》(局部) 1981年

大千乔迁之喜，赠诗送画及其他礼物，很是热闹。蒋经国也特来祝贺，可谓场面隆重。

在台湾，张大千生活非常繁忙，除了画画，他还出版了《大风堂名迹》四册，《张大千书画集》四集，《张大千画选》一辑，《敦煌石室记》一部；在台北、巴黎、香港、吉隆坡、新加坡举办个人画展5次，与别人合办画展3次（分别为傅抱石、徐悲鸿、溥心畬和黄君璧），同时，策划举办了"张善孖先生百年诞辰纪念展"。此时的张大千已经83岁，不顾身体欠佳，创作了巨幅画作《庐山图》《宝岛长春图》，并在之后一年与黄君璧合作画了《慈湖长春图》，其中《庐山图》高10.8米，也是张大千生命的绝唱。

《庐山图》是1981年7月，张大千应朋友李海天邀请创作的。李海天在日本开餐馆起家，是驻日华侨。张大千在日本时，常去海天餐馆吃饭，二人相熟。此时的李海天事业已经做大，计划在东京建一座酒店，请张大千画画装饰酒店墙壁，张大千欣然接受，并力主画巨大画作。考虑张大千已是83岁高龄的老人，且身体不好，李海天只说画一幅四条屏就行，这激起了张大千一贯好强争胜的个性，他说，一定要画大的，而且要画整幅巨大的。画什么题材，张大千苦思冥想，最后决定画庐山，张大千一生中遍访中国名山大川，却从未去过庐山，也未画过庐山，这始终是他心里的一个遗憾，故此他要画庐山。

历史上，没有去过庐山而画出庐山的画家不在少数，明四家之一的沈周，一生没有离开过吴郡，却创作出了千古名画《庐山高》；近代吴湖帆没有登过庐山，也创作了不少庐山作品。不登庐山，不等于不识庐山真面目，张大千一生曾多次仿临《庐山高》以及石涛的《匡庐憩寂图》《庐山观瀑图》等，已有间接认识。但是慎重起见，张大千还是查阅了《庐山志》等各种庐山游记，并向朋友搜求有关庐山的

百年巨匠
张大千
Century
Masters
Zhang
Daqian

张大千作画

资料图片，对庐山名胜诸如五老峰、黄龙潭、青玉峡、好汉坡以及鄱阳湖、湖内的大孤山等都已烂熟于心，加上一生饱览中国名山大川的经验体会，创作《庐山图》，张大千可谓成竹在胸。

卷高 1.8 米、长 10.8 米的巨幅长绢很难找到，最后他找到日本一个厂家制作。为此制作，厂家不惜改动机器设备。长绢终于制出，但比原先预计的高出一点，剪去一块又担心脱去丝线，李海天决定将酒店墙面再加高，最终解决了这一难题。在摩耶精舍，大画钉在墙上画不现实，分段于小画案又担心影响画作气势，张大千请人赶制一个巨大画案。由于画室无法承载巨大画面，张大千不惜拆去家中两根柱子，搬入特制大画案。

1981 年 7 月 7 日，农历六月初六，张大千为《庐山图》开笔，好友张群、张学良夫妇、王心衡夫妇等都应邀前来观看，张大千画画有个习惯，最喜身边有人陪伴。此时，众目睽睽之下，张大千拿一支有如拖把的大笔，站在一张矮凳上，他先把笔头往盆里一滚再一沾，然后抬笔在画布上大拖大拉，放下大笔，又拿一只盛满青绿颜料的瓷钵，在绢布上连泼带洒，接着又拿排笔导引颜料的流动，点点染染，竟忙了几个小时，用了很多的水和颜料，画布上还是看不出个所以然，在场的人员感受此画并不简单。张群见过张大千画画无数，此时也是对张大千的新颖画法惊叹不已。

开笔之后，因为身体不好，张大千时常住院治疗，回来后再接着画。由于画案高，张大千不得不被人抬到画案上，整个身体趴在画案上画，极为吃力。黄天才先生说："大家就讲这个画他是拼了命画的。

这个老人家真的顽强，他本来心脏就不好，而且眼睛只剩一个了，这么大的画只有一个眼睛在画，他……最后啊，山头大轮廓已经画好了，底下中间部分都画好了，山顶上那一半画实在没办法画，家里人就抬他到上面画。进度非常之慢，换句话讲，他也不大敢冒险啊。"

创作《庐山图》的一段时间，为了不使身心发狂，忘我之下导致画面失去控制，间歇时间，张大千创作了传统皴法的一批画作，以保持传统的功力不至于在画中丢失，反而加力，以传统养现代，所创作的作品有《金刚山虎头岩》《荷塘泛舟》《黄山文笔峰》《乔木高士》《峨眉金顶》等一批传统画作。魏学峰先生说："到了晚年的时候，他感觉到中国画仍然是一个中国文化的传承者所要抚育的一片净土，所以说他要回归。泼墨泼彩的时候又开始回归，我们又能够清晰地看到一些传统绘画方式跟泼墨泼彩的结合。"

创作《庐山图》期间，张大千按时打针吃药，稍加休息接着再画，可谓耗费了他的全部精神和体力。84 岁的老人，仅凭一只眼睛微弱的视力画画，如无强大的精神支撑，难以完成，有时为了调整一块画面，张大千不惜爬上爬下，过后精疲力竭。张大千对身边的人说："我真是在拼老命呀。"

《乔木高士》1981 年

《庐山图》1981~1983 年

好多时候徐雯波、公子、小姐，全家人齐上阵当他的助手，作画场面可谓壮观。

1983 年 1 月 20 日，费时一年半的《庐山图》完成十之八九，台湾"国立历史博物馆"和"国家画廊"邀请张大千举办"张大千书画展·庐山图特展"，为此，张大千做了最后一次赶工，并题诗两首却未落款，以示画作没有完成。展出当天，张大千亲临现场，他身着蓝色长袍，胸戴大红花，手持长杖，在夫人和好友张群陪伴下神采奕奕地步入主席台。政要商贾、名流学者紧随其后，簇拥着张大千步入展台。场面极为隆重庄严。

《庐山图》一画气势壮观，画中烟雨迷蒙，层峦叠嶂，古木森罗，郁郁葱葱，逶迤起伏的山势变幻无常。山中屋宇、楼阁、小桥、茅亭星罗棋布，若隐若现。正中则是一瀑飞泻，霞蔚云蒸，左上角浩浩渺渺，似见彼岸，应该是长江。画作虽说用的是泼墨泼彩法，但与常见的不尽相同。画中群山丛树还是实笔多，勾勒精到，皴擦点染凝重厚实，与泼墨泼彩形成的云雾虚幻相映衬，更显得苍苍莽莽，瑰丽绚烂。画上张大千题诗一首："从君侧看与横看，叠壑层峦杳霭间。仿佛坡仙开笑口，汝真胸次有庐山。远公已过无莲社，陶令肩舆去不还。待洗瘴烟横雾尽，过溪高坐峨嵋山。"这是张大千意中的庐山，也是他

心中念念不忘的祖国河山。黄天才在《五百年来一大千》一书中记述道："但见眼前一片青绿，真把我震住了……从未像初见《庐山图》那样被画面完全震慑住的。"

张大千在作《庐山图》时，亦曾作诗一首："不师董巨不荆关，泼墨翻盆自笑顽。欲起坡翁横侧看，信知胸次有庐山。"诗中看出张大千晚年对于绘画的精神体验已达炉火纯青之态。同时他不为传统所囿，创新求变，以超越古人的自信心和创新精神投入在画中。"那幅画，我觉得是能够代表他山水画的一个标志，虽然没画完。他晚年一直在想泼墨泼彩这个技术不应走得太远，要和传统的东西结合在一起。这幅画正是这样，把泼墨泼彩作为一种辅助的手段，以传统山水画的这种结构和画法进行的。一个大画家要是没有几幅大画的话是成不了气候的，就像这幅画一看人家说，哎哟，这个我画不了，这个事情我做不了。要没有几件这样的东西的话，是成不了气候的。要是他晚年没有这样一幅《庐山图》的话，他的山水画给人的印象不会有这么宏伟。"四川画家陈滞冬先生说。

《庐山图》不仅是张大千生命中最后的一幅力作，同时，也是中国近现代绘画史上最具现代精神的画作，是张大千一生集大成之作，也是他最具影响力的画作之一。

百年巨匠

张大千

Century
Masters
Zhang
Daqian

　　李海天是该画的缘起者，曾感叹："就差那么一点点时间，大千如不病逝，他的《庐山图》传世杰作必定交到我手里！"《庐山图》成为张大千泼墨泼彩的最重要的作品，也是他生命的绝唱，最后捐赠台北故宫博物院。在大师去世后的第三天，《庐山图》在台南展出。观画生情，时任台南市市长的苏南成，主张此卷由台湾文化部门保管，不能流到日本；而立法委员，也是张大千遗嘱执行人之一的王新衡，则提议画作由张氏家族管理；被张大千称为"老乡长"的张群力主由故宫博物院收藏。张大千一生对于绘画无比热爱，充满豪情，病危入院抢救的前两天，他还答应为台北故宫博物院再画一张"黄山图"。对于李海天而言，虽然付过定金，加之消耗购买绢布等其他费用约十万新台币，但他深知《庐山图》的艺术价值和文物价值，非个人所能据有，表示放弃对《庐山图》的收藏权，并于1993年4月1日，张大千去世10周年时，举行了以李海天、张氏两家名义的捐赠仪式。至此，张大千的生命的绝唱、旷世杰作《庐山图》由台北故宫博物院作为中华文化承古启今的艺术标志永久珍藏。

　　1983年3月8日，身体不适的张大千得知大陆好友依然牵挂着自己，坚持为大陆13位朋友以及学生题赠他的画集，家人和护士进行劝阻，张大千说："现在不写，以后就没机会了！"一句话让旁边的人心下酸楚，不忍再劝。而就在此时，好友方介堪从大陆给他寄来几枚新刻的印章，病榻上的张大千，紧握印章，很久不放。张大千怀念大陆的好友们，他要为老友们留下纪念，当他颤抖着题写第三本画册时，突然倒地，昏迷不醒。张保罗告诉记者："我回美国的前一天，陪他去医院。那个时候，一位副院长是心脏专家，他跟我说，保罗你放心回去好了，一切我们会照应。我回来不久，就说我父亲又被送进医院了，我没在场，刚刚去订票的时候，说是已经昏迷了，就这样。"张

张大千在摩耶精舍

大千定居台湾后，张保罗仍居住在美国的环筚庵。

　　张大千被急送台北市荣民医院，经过诊断，确诊为心绞痛引起糖尿病脑血管硬化复发，治疗几天后张大千感觉不错，看书、与人谈天，其间还和漂亮的女护士开开玩笑，甚至可以在走廊散步。3月11日，张大千突然感到胸闷厉害，并且呕吐，被送入中正楼加护病房密切观察。医院组成专家组进行会诊，蒋经国也两次派人来医院探望。3月12日，张大千出现轻度昏迷现象，心脏停跳一分钟。1983年4月2日早晨8点15分，昏迷了20天的张大千，在台北荣民医院与世长辞，没有留下任何遗言，终年85岁。张大千生前，张群看见他不顾高龄、如此忘我地画画，提醒他要注意身体，张群说："你看我比你大十岁，健康情况比你好多喽，再不注意身体，搞不好你要走在我前边，还得让我这位老哥帮你料理丧事呢。"不幸被张群言中。张大千逝世后，除了台湾报纸大量报道，新华社、美联社、法新社等通讯社都于当天

百年巨匠
Century
Masters
张大千
Zhang
Dajian

给予报道，日本、美国、新加坡、韩国、泰国、马来西亚、印度、法国、巴西、阿根廷等国的报纸都在显要位置报道了张大千逝世的消息。张大千生前好友也都纷纷写文章回顾张大千的生平，并表示哀悼，一致认为张大千的逝世是世界画坛的一大损失。

张大千去世当天，中国台湾及香港等地，日本、美国等国的画廊、拍卖行立即停售张大千的作品，一些人开始积极收购张大千的作品，张大千画价随之疯涨。4 月 5 日，公布张大千遗嘱。"摩耶精舍"捐给台湾有关机构，之后辟为"张大千纪念馆"，所藏隋唐至五代、宋代等珍贵古字画 75 件及其他文物捐给台北故宫博物院，仅留下十几幅藏画作为遗产。张大千的丧事由老朋友张群出资 70 万元台币，加上"总统府"所拨十几万元台币方才办完。张大千曾刻有一枚印章"富可敌国，贫无立锥"，可为其无私捐献及实际境况的写实照。张大千去世后，他的骨灰安葬在摩耶精舍他亲自设计的梅丘之下。

4 月 13 日，成都和北京分别举办"张大千画展"。张大千的家乡内江建立"张大千纪念馆"。纪念馆采用三合院、四合院几重进院落式布局，独具民族民居建筑风格。馆内收藏并展出大千各个时期的艺术作品，介绍了国画大师的艺术生涯和艺术成就。20 世纪之初，张大千正是从这里出发，走向了他为之绘画一生的"大千世界"。

张大千是中国 20 世纪最为辉煌的艺术大师之一。刘大为先生说："他对传统中国山水画有了一个推进，一个提升，或者是个人的拓展创新，总之是影响了一代人的。"科林伍德说过："撰写艺术史起码要时隔 50 年，否则很可能成为新闻而非历史。"如今，大师已经离去近 30 年，随着时间的推移，张大千和他的绘画将永远镌刻在中国绘画历史的记录册里，被后来的人们观赏，获得美的感动。

# 参考书目

◎ 叶子:《张大千》,西泠印社出版社,2009 年。

◎ 孙云生口述,朱介英执笔:《绝美的生命交集 —— 孙云生与张大千》,北京师范大学出版社,2008 年。

◎ 王鹏:《张大千绘画鉴赏》,中国轻工业出版社,2009 年。

◎ 文欢:《行走的画帝》,花山文艺出版社,2006 年。

◎ 李永翘:《张大千》,中国青年出版社,2014 年。

◎ 李永翘:《张大千艺术随笔》,上海文艺出版社,2012 年。

◎ 高纪洋:《张大千》,山西教育出版社,2006 年。

◎ 张心庆:《我的父亲张大千》,中华书局,2010 年。